中国（广东）自由贸易试验区广州南沙新区片区2017年发展报告

顾乃华　杜金岷　主编

暨南大学出版社
JINAN UNIVERSITY PRESS

中国·广州

图书在版编目（CIP）数据

中国（广东）自由贸易试验区广州南沙新区片区 2017 年发展报告/顾乃华，杜金岷主编. —广州：暨南大学出版社，2017.6

ISBN 978 - 7 - 5668 - 2114 - 0

Ⅰ. ①中…　Ⅱ. ①顾… ②杜…　Ⅲ. ①自由贸易区—经济发展—研究报告—南沙区—2017　Ⅳ. ①F752. 865. 3

中国版本图书馆 CIP 数据核字（2017）第 101203 号

中国（广东）自由贸易试验区广州南沙新区片区 2017 年发展报告

ZHONGGUO（GUANGDONG）ZIYOU MAOYI SHIYANQU GUANGZHOU NANSHA XINQU PIANQU 2017 NIAN FAZHAN BAOGAO

主编：顾乃华　杜金岷

出 版 人：徐义雄
策划编辑：史学英
责任编辑：李倬吟　柳　煦
责任校对：亢东昌
责任印制：汤慧君　周一丹

出版发行：暨南大学出版社（510630）
电　　话：总编室（8620）85221601
　　　　　营销部（8620）85225284　85228291　85228292（邮购）
传　　真：（8620）85221583（办公室）　85223774（营销部）
网　　址：http：//www. jnupress. com　http：//press. jnu. edu. cn
排　　版：广州市天河星辰文化发展部照排中心
印　　刷：佛山市浩文彩色印刷有限公司
开　　本：787mm×1092mm　1/16
印　　张：11
字　　数：225 千
版　　次：2017 年 6 月第 1 版
印　　次：2017 年 6 月第 1 次
定　　价：32. 00 元

前　言

　　中国（广东）自由贸易试验区广州南沙新区片区（以下简称南沙自贸区），地处中国经济引擎之一珠江三角洲的地理位置中心，是国家中心城市广州通向海洋的唯一通道，也是连接珠江口两岸城市群的枢纽性重要节点和我国南方重要的对外开放门户，战略地位十分重要。南沙自贸区距离香港38海里，距离澳门41海里，周边100公里范围内分布着珠三角最发达的城市及香港、澳门特别行政区，聚集了6 000多万相对富裕的人口。通过发达的交通体系和紧密的经贸合作，可辐射带动整个泛珠三角地区。南沙自贸区致力于构建与国际新规则体系相适应的法治化、国际化营商环境，率先实现与港澳服务贸易自由化，打造国际贸易功能集成度高、金融创新服务功能强的国际航运物流中心，形成21世纪海上丝绸之路沿线国家和地区科技创新合作的示范基地，建成港澳向内地拓展、内地借助港澳通达国际市场的双向通道和重要平台，为国家构建开放型经济新格局发挥重要作用。

　　依托国家战略扶持和广东省的良好发展态势，南沙经济发展也取得了可喜的成绩。近年南沙自贸区经济指标大幅提升，经济总量从2010年的488.25亿元增加到2015年的1 133.07亿元，突破千亿大关，年均增长18.3%；固定资产投资总额620.55亿元，较上一年增长38.4%；政府可支配财力由75.66亿元增加到310.57亿元，年均增长32.6%；合同外资从9.45亿美元增加到27.89亿美元，年均增长24.2%，实际外资从6.28亿美元增加到10.23亿美元，年均增长10.3%；进出口总额从100.55亿美元增加到246.4亿美元，年均增长19.6%，新增企业数量近三倍，累计注册资本总额增长四倍以上，较"十二五"起步阶段均实现两倍以上增长，区域经济引擎作用逐步凸显。2016年数据显示，南沙外贸进出口总值达到1 694.3亿元，较2015年1 530.53亿元增长10.7%；南沙港的集装箱吞吐量达到1 262万标箱，同比增长8.1%，其中外贸集装箱吞吐量481万标箱，同比增长7.2%，汽车吞吐量55万辆，同比增长12.2%。南沙外贸业务形成了以跨境电商为主，平行出口、离境退税和邮轮旅游为辅的"四驾马车"支撑外贸经济继续保持快速发展势头。

南沙自贸区的发展成果有目共睹，南沙的发展也被寄予厚望。2017年2月27日，广东省委书记胡春华、省长马兴瑞赴广州南沙调研检查广东自贸区建设情况，强调要贯彻落实习近平总书记的重要指示精神，加快推进自贸区建设，把自贸区打造成广东高水平对外开放的门户枢纽，南沙要围绕门户枢纽定位，全力推进"一城市三中心"建设，打造高水平的国际化城市和国际航运、贸易、金融中心，使南沙成为广州的"城市副中心"，支撑和引领全省新一轮对外开放。广东与香港将在南沙自贸区建立"粤港深度合作区"，产业发展将紧紧围绕研发及科技成果转化、国际教育培训、金融服务、专业服务、商贸服务、休闲旅游及健康服务、航运物流服务和资讯科技八大产业。

在上述背景下，为了更好地剖析南沙自贸区的发展现状，为今后的发展厘清思路，以及更好地梳理南沙自贸区发展的经验及亮点，为国内其他自贸区的发展提供参考借鉴的蓝本，受暨南大学中国（广东）自由贸易试验区研究院的资助，课题组编撰了这本研究报告。本书分为综合篇和专题篇，包含八章，分别阐述了南沙自贸区发展现状、亮点和愿景，南沙自贸区可供借鉴的创新经验，与国家自主创新示范区联动发展机制，行政体制机制改革，大通关体系建设，新型营商环境建设，全面深化粤港澳三方合作，"走出去"综合服务平台等内容，力求在借鉴国内外自贸区相关建设经验，以及参与国内外相关研究的基础上，立足中国和南沙自贸区的实际，提出比较具体的建设发展和改革创新方案，供相关机构决策参考。

顾乃华　杜金岷

2017年4月于暨南园

[顾乃华，暨南大学产业经济研究院院长、研究员；杜金岷，暨南大学中国（广东）自由贸易试验区研究院常务副院长、广州南沙自由贸易试验区研究基地主任、教授]

CONTENTS 目录

专题篇

第一章　南沙自贸区发展现状、亮点和愿景

（王奕：暨南大学产业经济研究院）

一、南沙自贸区发展现状

（一）优良的发展环境

进入"十三五"时期，全球经济开始迈向深度调整期，不断深化的科技革命将带来新的产业变革。我国经济进入"新常态"，正在形成新的增长动力，面对这样的发展环境，广东省大力实施创新驱动战略，着力构建高水平、全方位的对外开放格局；广州市加快推动"三中心一体系"建设，全面提升国家中心城市建设水平。综合发展环境来看，南沙自贸区正处于大有可为的战略机遇期，同时也面临新的挑战。

从全球经济复苏到国内经济改革，再到广东经济发展多个层面来看，南沙将迎来崭新的机遇。第一，随着经济全球化、区域一体化的不断深化，新一轮的科技进步与产业革命正在发生，国际价值链和产业链重构，南沙自贸区面临参与世界竞争与合作的重大机遇。第二，随着我国经济发展进入新常态，产业结构加快转变，新的增长动力正在形成，扩大自贸区建设、深化"一带一路"、提升"中国制造 2025"等国家战略相继实施，南沙自贸区应该抓住这个机遇，大力开展建设。第三，广东大力实施创新驱动战略，构建高水平对外开放新格局，广州着力建设"三中心一体系"，南沙自贸区将要在省、市发展大局中发挥更大的作用。

除了机遇，南沙自贸区也面临着巨大的挑战。第一，2008 年金融危机以来，世界经济缓慢复苏，发达国家的"再工业化"战略导致外需萎缩，这就压缩和制约了南沙自贸区依靠外需拉动经济增长的空间及高端制造业的发展。第二，以美国为主的发达国家不断提高投资贸易规则的标准，一方面增加南沙自贸区参与国际竞争的难度，另一方面提高南沙自贸区挖掘出口需求的潜在动力。第三，我国经济正处于减速调整期，经济发展正在向分工更复杂、结构更合理、形态更高级的阶段演化，这将加大南沙自贸区经济结构提质增效、产业转型升级的压力。第四，城市竞争的形式与以往不同，国家级新区、自贸试验区引领地区发展的效果更为显著，南沙自贸区在加快打造国家

战略功能和提升国际影响力的过程中面临更多挑战。

（二）良好的发展基础

1. 完善新区规划体系，各区块规划建设全面启动

南沙于 2012 年获批为国家级新区，紧接着 2014 年又被批准建立自贸试验区，"双区"的叠加优势凸显，由此，南沙也站在了新一轮改革开放的最前沿，进入了更高水平的发展新阶段。南沙将以自贸试验区发展带动新区整体发展，结合"双区"的总体发展规划与国家战略功能的实现，谋划南沙未来发展战略布局，把国家战略功能落实到空间和开发建设中。

按照南沙自贸区发展规划的定位，将以新区、中心城区和明珠湾区三个从大到小的层次规划未来的城市发展，其中《南沙区土地利用总体规划（2006—2020 年）》和《广州南沙新区城市总体规划（2012—2025 年）》分别于 2015 年 4 月 17 日及 7 月 31日获省政府批复。同时，编制了综合交通体系规划以及产业、环境等配套规划，形成了新区规划体系；制定了《中国（广东）自由贸易试验区广州南沙新区片区建设实施方案》，明确了各区块功能定位、战略目标、建设时序和招商工作，统筹推进自贸试验区开发建设。

其中，明珠湾起步区的建设已经启动，在建规模达到 146 万平方米，灵山岛尖在建的配套基础设施包括已落地和即将落地的项目，总投资额达到 400 亿元，部分市政主干道已基本具备通车条件。蕉门河城市中心区 1 350 万平方米的规划，目前已经完成 740 万平方米的建设。总部经济集聚区的主体工程基本完成，市民广场配套道路完成施工，进港大道的改造也已完工。南沙湾区块高端商务及配套初具规模，海港区块航运服务集聚区正在加紧建设，国际邮轮母港综合体预计 2018 年投入使用。

2. 打造区域经济增长新引擎，进出口保持快速发展势头

近年，南沙自贸区经济指标大幅提升，经济总量从 2010 年的 488.25 亿元增加到2015 年的 1 133.07 亿元，突破千亿大关，年均增长 18.3%；固定资产投资总额620.55 亿元，增长 38.4%；政府可支配财力由 75.66 亿元增加到 310.57 亿元，年均增长 32.6%；合同外资从 9.45 亿美元增加到 27.89 亿美元，年均增长 24.2%，实际外资从 6.28 亿美元增加到 10.23 亿美元，年均增长 10.3%；进出口总额从 100.55 亿美元增加到 246.4 亿美元，年均增长 19.6%，新增企业数量近三倍，累计注册资本总额增长四倍以上，较"十二五"起步阶段均实现两倍以上增长，区域经济引擎作用逐步凸显。

2016 年数据显示，南沙外贸进出口总值达到 1 694.3 亿元，较 2015 年 1 530.53 亿元增长 10.7%；南沙港的集装箱吞吐量达到 1 262 万标箱，同比增长 8.1%，其中外贸集装箱吞吐量 481 万标箱，同比增长 7.2%，汽车吞吐量 55 万辆，同比增长 12.2%。南沙外贸业务形成了以跨境电商为主，平行出口、离境退税和邮轮旅游为辅的"四驾马车"，支撑外贸经济继续保持快速发展势头。

3. 构建新区产业新框架，服务业、制造业并重

重点打造广州"三中心一体系"核心功能区，突出先进制造业和现代服务业"双轮"驱动，重点发展航运物流、高端制造、科技创新、金融商务及旅游健康五大主导产业，大力培育新产业、新业态。

航运物流产业方面，以建设国际航运服务业集聚区为基础，已新增航运物流和航运服务企业 1 200 多家。同时以发展航运金融为延伸，组建以广州商品清算中心和广州航运交易有限公司为代表的类金融企业与机构，其中广州航运交易所累计完成 575 艘船舶交易，总交易额近 20 亿元。

高端制造产业方面，2015 年，广汽丰田的三期主体工程启动建设，重点支持中船、东方电气、海瑞克等制造业行业龙头的发展。

科技创新产业方面，已经形成中国科学院"一院五所"、高校研发机构、以港澳科研机构为主的境外机构三大科技创新团体，拥有国家、省、市认定的各类研究开发中心和实验室 65 个，国家级高新技术企业 76 个，省认定新型研发机构数量占广州市的 25%，高新技术产品产值占规模以上工业增加值比重达到 47.6%。

金融商务产业方面，积极推进总部经济集聚区建设，落户总部型项目超过 100 个。快速集聚了数百家包括银行、证券、基金等金融和类金融机构，同时依托航运产业发展，融资租赁加快发展，100 多家融资租赁企业落户南沙，企业数量超过全市的一半，合同金额超 300 亿元。

旅游产业方面，建成一批以生态游览区为主的特色景区，包括滨海湿地和百万葵园等游览区，以及获批为国家 4A 级景区的南沙天后宫、南沙游艇会。

健康产业方面，成功吸引霍英东鹤年堂中医城等项目落户南沙，随着艾迪康医学检验中心开始投入运营，将会有越来越多的医疗企业聚集于此。

新业态方面，加快发展跨境电商，形成近千家跨境电商企业规模，B2B2C 进口额已超 2 亿美元。塑料粒等大宗商品交易中心初步形成，汽车平行进口试点落地实施。

4. 依托港口建设国际航运中心，国际航运枢纽潜力巨大

港口基础设施建设方面，南沙港区三期第三个 10 万吨级泊位已建成并投入使用，三期工程已于 2016 年年底完成，将建成世界上最大、最先进的专业化深水集装箱港区之一。前期 16 个 10 万吨容量的集装箱码头已经建成并投入运营，在建的包括四期工

程和国际通用码头，目前已经实现年吞吐量 1 600 万 TEU，截至 2016 年 8 月，南沙港的集装箱吞吐量在国内沿海的各大港口中位居第一，达到 778 万标箱。继续推进邮轮母港的建设，三条国际邮轮航线在南沙港实现进出港 20.5 万人次，在全国位居第二。

发展航运交易方面，成立广州航运交易有限公司，开拓船舶、航运、人才、大宗商品、航运衍生品五大市场。

发展航运金融方面，建立广州商品清算中心，通过为大宗商品交易标的提供统一登记服务和商品交易的清算服务，并严格分离包括从交易、清算到结算的各个环节，在自贸区内聚集各类大宗商品的下游产业链。同时，正在加紧推动各类保险机构在南沙开展航运、健康等业务。

发展旅游购物商品方面，继续优化"旅游购物商品"业务流程，实现市场采购商品出口业务统计本地化，已有多家企业在尝试出口旅游商品。

5. 区域交通枢纽地位逐步形成，发展的硬件基础进一步巩固

专注建设珠三角地区的交通枢纽，规划地区综合交通体系，同步推动港口、轨道交通、高/快速路网建设，初步建立联系南沙区、广州市区及周边地区的大交通体系，重点推进规划内的 8 条高/快速路和 20 条轨道交通建设。港口码头方面，南沙港三期码头主体工程已完工，2016 年南沙港的集装箱吞吐量达到 1 262 万标箱，同比增长 8.1%；开辟班轮航线 88 条（外贸 62 条、内贸 26 条），开通 51 条水上穿梭巴士和 10 个无水港，第一条国际邮轮航线正式开通，邮轮母港综合体一期工程已动工。轨道交通方面，地铁 4 号线南延段将于 2017 年年底开通，广州轨道交通规划已经把 18 号线、22 号线纳入其中，近期即将开工建设；铁路方面，广东省已将广中珠澳城际铁路纳入建设规划，南沙港铁路已经开工建设，湾区东线正在规划。高/快速路方面，虎门二桥主塔已经完成封顶，正在建设的包括黄榄干线、番中大桥和放马互通立交，深（广）中通道已明确线位并启动前期工作。商务机场方面，成立投资建设运营主体，开展商务机场投资建设。南沙区内交通，已经完成建设的有凤凰一桥等 12 个道路桥梁项目，同时加快推进明珠湾大桥等在建项目，基本实现城市组团之间的便捷交通联系。完善公共交通服务体系，开通了自贸试验区快线，增加了区内公交线路和发车密度，提升了公共交通管理和服务水平。

6. 强化和完善城市功能骨架，"明—蕉"城市组团目标产城融合

南沙政府按照"产城融合"的发展思路，优化布局"一核四区"的城市功能区，推进"明珠湾—蕉门河"等中心城市组团建设。其中，明珠湾起步区将建成中央商务区，承担服务珠三角、对接世界的功能，是新区开发建设的标志性工程，灵山岛尖 3.5 平方公里征地拆迁工作基本完成，在建规模达到 146 万平方米，落户及意向落户

项目达47个，投资金额超过千亿元，导入包括中化金茂城市综合体、中交明珠国际、广州修仕倍励国际实验学校等在内的一批重点建设项目，城市主次干道、河堤、地下空间、安置区等市政公共基础设施建设已进入全面加速阶段。明珠湾起步区的城市功能的实现需要重点建设蕉门河中心区，目前中心区在建规模达610万平方米，包括正在加紧建设的56个市政主要基础设施、公共服务项目，"城市客厅"形态基本形成，总部经济、国际金融、融资租赁、跨境电商及专业服务等业态紧随进驻。海港、南沙湾、庆盛枢纽、南沙枢纽等区块正在加快建设。

7. 多方面助力地区发展，发展软环境不断优化

土地方面，新增60平方公里建设用地已获国务院批复，2016年省、市下达给南沙的土地利用年度计划指标为6 100多亩。财政方面，省级公共财政预算收入超过2011年基数的部分全额返还，市财政延续市库收入超基数全留及土地出让金收入全留，使南沙可支配财力得到改善，2013年、2014年分别达198.69亿元和208.97亿元。人才方面，制定港澳及外籍高层次人才认定办法及优惠扶持政策，促进境内外人力资源的配置，引进"千人计划"专家13名。南沙地区招商引资主要围绕五大主导产业，2015年新增注册企业7 589家，比2014年的1 807家增长3.2倍，其中外商投资注册企业221家，同比增长2.75倍，实现合同利用外资27.9亿美元，同比增长64.7%。

二、南沙自贸区发展亮点

（一）工商服务不断优化

1. 加快行政体制机制改革，优化注册登记流程

加快行政体制机制改革，南沙区启动了政府权责清单制定和推进行政审批制度改革工作，初步梳理了南沙区向省、市申请的行政审批事项，废除了67项行政审批科目和43项备案科目，另外转移和整合行政审批15项、备案7项，市场准入审核事项由原来的101项缩减到现在的12项。制定审批清单，调整各类审批流程，优化注册登记流程，争取试行"一颗印章管审批"。推行"一口受理"新模式政务系统改革，"一口受理"登记改革结合并联审批企业设立的机制，大大简化了企业登记注册的流程，企业可在1个工作日内获得8个相关部门颁发的文书证章。同时，在全国第一个将"海关报关单位注册登记证书"整合进海关"一口受理"系统。

2. 首发"一照一码"，进一步简政放权

南沙自贸区实行"一套材料"和"一表登记"，通过"一口受理、并联审批、信

息共享、结果互认"，将由包括工商、质检等多个部门核发各自相应的许可证，简化为由工商部门直接核发加载法人和其他组织统一社会信用代码的营业执照，并且已在全国率先将"一照一码"扩展至工商、质监、国税、地税、人社、海关等八个部门，进一步推动简政放权。

南沙"一照一码"登记注册以"一口受理"政务系统为主体，建立"三个一"模式（在一个平台内，一次性收集要件，一天内完成办理），向企业核发加载统一社会信用代码的营业执照，实现前台后台数据共享和信息推送。企业只需提交一次申请资料，即可在一天内到受理窗口领取集合八证的营业执照及企业印章，大幅提高了行政办事效率，减少了企业注册登记的成本。

3. 试点推行商事服务"香港通"工作机制，搭建港澳、内地双向通道

2016年4月17日，南沙区政府启动南沙自贸区"香港通"商业事务服务建设，在区内试行"香港通"服务工作制度，在国内最先实现把内地商事服务机制拓展到香港地区。

"香港通"构建四大平台，搭建港澳、内地双向通道。一是建立招商引资服务信息平台，主要措施是通过与越秀集团和香港创兴银行合作，借助它们在香港的服务网点，推介南沙具体招商引资政策，使香港企业和投资者不用进入南沙就能够掌握南沙现时的招商政策，有利于增强海外资本市场对南沙的了解，有助于吸引更多的外资投资南沙和优秀外资企业在南沙落户。二是建立港企"一站式"投资服务平台，与香港创兴银行深入合作，由创兴银行服务网点辅助市场监管局，替香港企业和投资者在香港当地实现代办证照和税务登记，快速完成在南沙登记注册企业。三是建立港企商事服务支持平台，通过设立南沙投资咨询有限公司，为落户南沙的港企提供快速审批和绿色通道等配套服务。另外，如果政府工商等部门审批企业登记、筹备、营业和监管时出现各种问题，可以通过平台与港企实现沟通解决。四是建立政府与港企的沟通平台，实现企业发展诉求和政府公共管理体制创新的匹配，提升政府工作效率和助力落户企业快速发展。

"香港通"目标是建立香港、澳门投资内地和内地通过香港、澳门走向国际市场的便捷渠道，同时为探索广州市"穗港通办"工商注册登记改革积累经验。

4. 建设统一的市场监管和企业信用信息公示平台，促进协同监管

南沙区率先建立"中国（广东）自由贸易试验区广州南沙新区片区市场监管和企业信用信息公示平台"，并于2016年4月向社会发布。该平台把政府监管体系与企业信用公示整合在一起，这种监管的创新有助于对自贸区内快速增长的市场主体的行为进行协同监管，保证区内企业良性发展。

平台创新地将"互联网＋"思维与市场监管结合，归纳整理包括政府45个部门和企业各类信息86万条，涵盖近5万户市场主体，实现各部门的信息自动收集和信息的多部门全面互联共享。另外，该平台在全国首次实现了把涉及进出口的企业的海关和检验检疫的信用信息与属地市场监管共享，推动了口岸监管和属地市场监管的信息共享，有助于跨部门协同执法。同时，该平台实现了将各部门在对企业监管中发现的问题共享，有助于多部门对企业实行联合惩戒，并进行跨部门预警。例如，消防安全部门发现企业经营中的设施安全问题、食品制作过程的卫生问题，可以通过平台向食品安全部门推送，由食品安全监管部门查处，该企业以后在税务、进出口等方面都会受到严格监管。对于一些综合性管理任务，具体执行需要涉及多个部门，通过平台联合监管可以大大降低执行和沟通的复杂性，提升联合执法的效率。

南沙自贸区建立统一的市场监管和企业信用信息公示平台，以信用约束为核心，实现了各监管部门共享信息、协同监管、联合执法和平台服务四大功能，强化事中事后监管模式。

（二）金融创新不断深化

1. 双向跨境人民币资金池助推企业归集整合境内外营运资金

新区内金融创新业务不断发展，多种跨境金融业务已经开展，不仅仅限于跨境人民币贷款业务、跨境人民币缴税业务以及双向人民币资金池业务。其中，中国人民银行把跨境双向人民币资金池定义为跨国企业集团根据自身经营和管理需要，在境内外成员企业之间开展的跨境人民币资金余缺调剂和归集业务。[①] 具体来说，企业境外账户的人民币资金可以直接与境内资金池互相流转，而外汇资金需要先兑换为人民币资金才能划转到区内账户的资金池内。

中国人民银行广州分行规定，跨国企业集团选择在自贸试验区内注册成立并实际经营或投资的成员企业（包括财务公司）作为主办企业，组建跨境双向人民币资金池时需要满足两个条件：其境内成员企业上年度营业收入合计不低于5亿元人民币，其境外成员企业上年度营业收入合计不低于1亿元人民币，并实行对自贸区内企业的跨境双向人民币资金池业务双向上限管理。[②]

央行从政策方面大力支持自贸区金融发展，推出多项跨境人民币业务政策，鼓励国内外大型跨国集团在区内成立分支机构开展业务，方便跨国公司集中管理中国境内

① 《关于进一步便利跨国企业集团开展跨境双向人民币资金池业务的通知》（银发〔2015〕279号）。
② 《中国人民银行广州分行关于支持中国（广东）自由贸易试验区扩大人民币跨境使用的通知》（广州银发〔2016〕13号）。

境外资金流动，提升跨国企业资金运营效率，大大节约财务费用。

2. 试点设立金融创新型机构和要素交易平台，各类创新型金融机构聚集发展

南沙新区在国家层面的规划和发展要求下推出金融"15 条"，为新区的金融业的改革和创新发展指明了方向，也为金融创新培育了肥沃的政策土壤，以增强市场功能为目标试点成立各类创新金融机构。随着政策推行的不断深化和配套设施的推出，南沙正在逐渐成为创新的政策聚集高地，不断为南沙自贸区内金融服务业的发展培育政策环境。截至 2016 年，在南沙注册的各类金融服务企业包括银行、金租、基金和航运交易所等近 1 400 家。

第一，在融资租赁方面，将在南沙自贸区试点统一管理内资和外资背景从事融资租赁业务的企业的体制改革。截至 2016 年 10 月，南沙自贸区注册登记融资租赁企业 210 家，注册资本累计 663 亿元，南沙已经通过租赁的方式引进 10 架飞机，交付落地 5 架，包括引进全国首架波音 B787 - 9 型飞机。

第二，航运金融方面，南沙具有得天独厚的区位、产业和政策优势，发展航运相关的金融服务潜力巨大。南沙产业投资公司牵头多家金融机构和航运产业龙头企业成立"南沙航运产业投资基金"，初期规模高达 50 亿元；2016 年在南沙区内完成内地第一单外币结算的船舶交易，未来人民币和外币都可以在区内实现交易，大大拓展了市场。

第三，积极落实国家"一带一路"战略。一方面，积极建设跨境金融服务平台，打造各大银行的全球金融服务基地，并鼓励商业银行在南沙区内开展离岸业务；另一方面，为拥有境外业务的企业提供跨境资产管理服务，支持区内金融服务机构运用多样化的金融工具，提高跨境业务企业对资产的风险管理水平。

第四，积极构建金融要素交易平台体系。加快推进包括商品清算中心、期货交易所和数据交易中心在内的要素交易平台建设。积极推动设立创新型期货交易所，开展以碳排放为第一个交易种类的交易所，并建立碳排放权国际产品中心。广州商品清算中心是国内第一个商品金融综合服务平台，业务包括各类交易所清算、仓单登记、仓单质押和场外衍生品等创新金融服务。"广数 DataHub"落户南沙，它是国内首个开放式的数据交易服务平台，大大推动了广州大数据战略的发展和数据要素的交易与变现。

3. 大力发展航运金融，着力打造航运金融中心

以国际航运中心建设为突破口，南沙自贸区积极建设航运金融中心，建立涵盖航运金融、保险、兑换、结算和担保等业务的综合金融中心，探索构建以航运保险、航运产业基金为重点的现代航运金融服务体系。

截至 2016 年 8 月，广州航运交易所成交油轮、散货船、干货船等各类船舶共计 329 艘，成交金额 8.38 亿元。船舶融资是航运企业的主要需求，船东买船、运营都需要融资，船舶融资在国内航运金融中占比超过半数，高达 66.64%。截至 2016 年 10 月，在南沙区内登记注册的各类融资租赁企业有 210 家，其中不仅包括渤海租赁等大型租赁企业注册的子公司，还包括珠江金融和工银租赁等银行系金融租赁企业，租赁企业注册资本累计 663 亿元，占广州市的 70%。各类融资租赁企业落户南沙，是因为看好南沙的区位和政策优势，瞄准的是华南航空航运潜在的租赁市场需求，南沙已经成为广东省融资租赁发展最快的地区，将带动广州成为中国融资租赁第三大市场。

由广州航运交易所主持编制的珠江航运运价指数，从 2016 年 1 月 8 日起正式对外试运行。运用科学的编制方法将珠江航运市场各类运输价格通过指数动态展现，帮助企业实时观测珠江航运运价的波动，把握航运市场的脉搏，为企业规避经营风险提供了帮助，该指数的建立也大大加强了珠江航运市场的定价能力和在地区航运市场的话语权。

4. 推行"账户 e 路通"业务，政府与金融监管机构共享信息

中国人民银行广州分行于 2016 年 4 月正式推出"账户 e 路通"业务，利用"互联网 + 政府服务"的思维与南沙自贸区政府合作，建立政府和金融监管机构共享信息的机制。具体来说，"账户 e 路通"业务就是实现银行开户与企业注册登记同时进行，当企业在政府平台申请注册登记相关证件时，可以同时申请开立银行基本存款账户，在企业注册登记核准后，中国人民银行与开户行可以在系统平台获取企业登记信息和开户资料，同时办理开立手续。银行账户开立成功会通知企业，企业只需前往开户行的网点一次，办理面签等其他开户手续即可完成开户，大大提高了银行和企业的工作效率，节约了时间成本。

广州农商银行作为第一个试点银行，通过将企业的登记设立业务和在商业银行开户许可并行办理，在实现了信息共享、简化政府和金融机构之间协调沟通的流程的同时，显著节省了企业办理业务的成本和时间。2016 年 4 月 18 日，广州市首笔"账户 e 路通"业务已经在广州农商银行南沙东涌支行成功办理。

（三）法制改革不断推进

1. 强化制度创新

强化制度创新，一方面需要学习国际高标准投资贸易规则，再结合南沙实际情况开展制度创新，新区认真研究了包括金融、贸易、投资和监管等领域的国际准则体系，修改完善适合南沙的具体措施和政策，为进一步的制度创新提供了方向和着力点。另

一方面，要不断提升政务服务的效率，加快试点"放管服"改革的任务，深化简政放权改革，在保障第一批省级管理权限顺利承接的前提下，落实第二批省级管理权限的下放；继续深化"一门式、一网式"和"一口受理、多证联办"的政务服务改革，重点开展"证照分离"创新试点工作，便利商事登记服务，完善监管体制，把握事中事后监管，加强"廉洁自贸区"的建设。

2. 创新行政管理方式，省、市政府通过规章形式向自贸区下放管理权限118 项

为了提高南沙自贸区的行政管理效率，推动行政管理创新，广东省及广州市政府一方面通过专项补助加大财政支持，另一方面向新区下放包括开发建设、市场监管和公共服务等各类管理权限118 项。

广东省公布《广东省人民政府关于支持广州南沙新区加快开发建设的若干意见》，明确将通过"负面清单"的方式，下放部分经济和社会管理等60 项行政权限，对法律、法规和规章规定由省政府及省有关部门行使的经济调节、市场监管、社会管理、公共服务等行政管理职权，除去需由省级行政机关统一协调管理的事项外，原则上下放或委托南沙自贸区管理机构依法实施（南沙自贸区管理机构设立前，由南沙开发区管委会、南沙区政府依法实施）。对法律、法规和规章规定不得委托或下放，以及需省综合平衡的省级管理事项，南沙自贸区管理机构与省建立直接请批关系，与广州市人民政府为报备关系。

广州市下放了58 项管理权限，主要集中在经济管理和开发建设领域。其中，工商注册登记全线下放，针对外商投资项目核准、工商注册登记等焦点事项，南沙片区可直接审批；58 项市权下放清单中，广州市国土资源和规划委员会一共下放了15 个权限，包括省市重点基础设施工程的选址意见书核发、规划许可证核发和工程规划许可证核发等，为自贸区内各类建设和开发提供规划国土权限保障；南沙自贸区在科技、人才、总部、融资租赁等方面出台了23 项扶持政策，为科技创新提供了强有力的制度保障。[①]

3. 构建有力司法保障，成立全国首个被最高人民法院批准成立的自贸区法院

2015 年11 月28 日，《最高人民法院关于同意设立广东自由贸易区南沙片区人民法院的批复》正式批准设立广东自贸区南沙人民法院，负责审理南沙自贸区内的案件。12 月30 日，广东自贸区南沙人民法院作为国内第一个由最高人民法院准许设立的自贸区法院正式挂牌成立。

---

① 《广州市人民政府关于向中国（广东）自由贸易试验区南沙新区片区下放第一批市级管理权限的决定》。

广东自贸区的成立，促使南沙区内人口及企业的数量快速增长，各类经济活动和贸易活动日渐增加，自贸区创新业务不断兴起，随之而来的商务纠纷也日趋增多。自贸区南沙片区人民法院成立后，主要负责区内与自贸区相关的一审民事商事纠纷案件的审理，案件多集中在自贸区辖区内的金融、贸易、投资和产权等方面。由此可见，自贸区法院的设立，服务和保障了自贸区的建设，整合吸收了原南沙区人民法院的资源，完善了"两庭一中心"（商事审判庭、知识产权审判庭和商事调解中心）的建设，是与自贸区司法服务最为密切的部门。促进粤港澳的深度融合，围绕港澳籍人民陪审员参与案件审理机制的实施，既可以增强南沙区司法审判的影响力，又能很大程度提升港澳同胞对内地司法活动的参与度和认知度。

自贸区南沙片区人民法院的获批成立，是完善自贸区的司法制度、推动司法改革和促进自贸区的经济建设与发展的重要保障，同时作为服务自贸区建设的法律平台，助力国际化、市场化和法治化商业环境的培育，树立良好的自贸区国际印象。

4. 健全国际仲裁和商事调解机制，成立中国广州国际航运仲裁院等专业仲裁机构

南沙自贸区的目标是建设国际航运中心，只关注港口规模和货物吞吐量是不够的，更重要的是提升现代航运服务业的发展水平，所以，健全国际仲裁和商事调解机制是必不可少的。

中国广州国际航运仲裁院由南沙开发区管委会、广州港务局、中国广州仲裁委员会及港澳仲裁界共同在南沙自贸区组建，旨在通过仲裁的方式公正地、及时地解决国际航运中出现的各类契约性或非契约性争议，保障参与国际贸易各主体的合法权益。广州市贸易促进委员会在南沙自贸区内设立了南沙自贸区法律服务中心，为企业提供商事法律服务。另外广州国际金融仲裁院、广州知识产权仲裁院相继在自贸区内设立分院，形成完整的自贸区仲裁体系，进一步优化自贸区国际化法制商务环境，在提高广州在解决国际商事纠纷的公信力的同时吸引大批境内外投资者的投资。

5. 提升国际化法律服务水平

南沙自贸区建立了完善的法律体系和健全的执法机构，构建了以多样化商事争端解决机制为核心的国际法律服务机制，专注培养具有丰富处理国际纠纷经验的法律人才，自贸区内发生的投资、贸易纠纷等专业案件建立了相应的专业化审理机制。完善区内知识产权管理和执法体制，加强对重点产业知识产权的保护。自贸区大力发展国际仲裁、商事调节机制，不断提升国际法律服务水平，从根本上提高国际商事调解和仲裁的国际公信力。

（四）海关效率不断提升

1. 率先推出"互联网＋易通关"改革，"线上海关"推动广州外贸逆势增长

为了简化进出口货物海关通关手续，促进国际贸易，南沙自贸区与广东海关合作，从 2015 年 10 月 25 日起在自贸区内启动"互联网＋易通关"改革。此项改革在国内是首次推行，应用互联网思维，通过应用互联网技术开发"易通关"平台，将原来报关、缴税和检验检疫等海关主要的线下通关业务转移到在线平台进行，优化通关手续，使得企业在任何地方都可以通过互联网平台办理通关业务，多数情况不用再前往海关办理，提升通关效率。

南沙海关此项改革首批落地的四项措施，包括"互联网＋自助报关""互联网＋提前归类审价""互联网＋互动查验""互联网＋自助缴税"。"互联网＋自助报关"，南沙自贸区内有报关需求的进出口企业可以在广州海关官网免费下载互联网报关软件，实现自助免费报关，并且可以通过微信和手机客户端查询报关单进度。"互联网＋提前归类审价"改革将报关相关资料提交手续转移到线上，报关企业通过系统提交材料，海关根据材料进行审价和归类，最终审核结果用于通关审查。"互联网＋互动查验"实现了代理查验机制，大大方便了企业完成商品的查验，海关通过系统通知企业进行查验，企业可以委托"海关监管场所经营者或者其他查验服务单位"代为协助查验，查验没有问题的由代理人签名确认查验结果，剩下的其他查验手续企业在网上就可以完成，不用企业指派员工到场。"互联网＋自助缴税"通过电子税费支付系统实现线上缴税，代替过去需要在通关现场打印纸质税单。此外，南沙海关将实施"互联网＋快备案"和"互联网＋自主管理"，守法企业通关更加便捷，通关时间进一步缩短，有效促进南沙社会信用体系的建设，"信用越高的企业在通关时可以享受越多的通关便利"[1]。

"线上海关"促进投资贸易便利化，在全国外贸进出口面临巨大压力的大环境下，推动广州外贸逆势增长。2016 年前三季度，南沙自贸区累计外贸进出口货物总价值达 1 311.9 亿元，同比增长 8.3%，相对于全市、全省和全国的 1.6%、－0.2% 以及 －1.9% 的平均水平，南沙的外贸增速分别高出 6.7、8.5 和 10.4 百分点。南沙外贸对全市同期进出口的贡献度高达 98.9%。

"互联网＋易通关"改革的成功经验已经复制推广到广州、佛山、清远、肇庆、河源、云浮和韶关七个地市，未来南沙海关还将进一步开拓"互联网＋易通关"中难

---

[1] 《广州海关关于深入推进"互联网＋易通关"改革的通告》（广州海关通告〔2016〕3 号）。

度较高的举措，将形成的经验复制推广到更多地方，用制度创新打造营商环境高地。

2. 海事先通关后查验，多举措助力自贸区航运

以往进出口企业通关实行的是"先查验，再通关"，拖慢了通关进场，通关效率低。2016年南沙海事处大胆创新，突破原有的模式，开始推行"先通关，再查验"的通关模式，显著提升船舶进出口岸的效率，实现进出南沙港的船舶2分钟内通关。

海事处作为港口检查部门，担负着保障船舶航行安全和船舶平稳进出的重要职责。过去由于海关监管要求前置审批，通关程序效率低，船舶无法快速通关，增加了企业运营成本。南沙自贸区的快速发展聚集了各种航运业务，过去的模式无法适应发展的要求，南沙海事处大胆创新，梳理并简化查验手续，推动"先通关后查验，船舶通关零待时"改革，通关时间从20分钟降到只用2分钟。同时，海事处试点船舶安全检查新机制，实现安全检查流程的简化；推动船舶的诚信分级管理体系，给予诚信历史较好的船舶快速通关的便利，可以有效提升通关效率。

与此同时，南沙海事处正在加快智慧海事建设，包括远程电子照片检查船舶的清污工作，减少了现场检查的频率；全面实行电子巡航，成功保障"美迪马士基号"和"中海环球号"等超大型集装箱船在南沙顺利停靠。

南沙海事主动开展区域口岸合作，加强与边检站、检验检疫局的信息共享和执法联动，已经实现海关与自贸区的"单一窗口"系统对接，完成船舶通关申报、查验等流程的信息化。同时，加快建设南沙自贸区海上搜救中心和海上管控中心。

南沙海事处的这一系列举措旨在巩固南沙港华南地区航运中心的地位，保障南沙自贸区航运中心的建设和发展。

3. 创新实施快速验放机制和国际转运货物监管新模式

广州海关积极创新口岸监管服务，在南沙自贸区推出快速验放机制，把货物流转时间缩至1天以内，国际转运货物监管新模式将转运货物在港停留时间缩减90%，只需要2~4个小时。

通关速度是衡量地区贸易便利程度的重要指标。广州海关在南沙自贸区创设快速验放机制，依托港口智能化管理系统和FS6000、H986等高科技检验设备，改革监管查验体系，对进口货物实现"提前申报、船边分流验放"，对出口货物进行"提前申报、卡口分流验放"，到港货物先进行查验分流，区别对待待检货物，无须检查的货物即卸即放、直接通行，需要检查的货物快速机检，各个通关环节并联同步工作，极大提升了货物通关效率，缩短了货物等待时间，降低了港口物流成本。通过测算，在实行快速验放通关后，通关效率提升50%以上，货物物流运转由3天减少到1天以内。

自贸区的建立促进了货运物流在区内聚集，并且对转口贸易的增长具有极大的刺

激作用。广州海关积极优化转运货物在区内通关的流程，通过智能化港口信息系统实现转运货物在南沙港区内 24 小时全天候自助通关，全流程无纸化操作，通关数据共享、系统自动审核和放行，大大简化通关流程，提高转运效率。目前，两条国际航线同时在自贸区挂靠时，货物转运可以实现相互中转的无缝对接，大幅减少停港时间，通关效率极大地提高，物流成本明显降低。

（五）国际贸易环境不断优化

2015 年 6 月，广州南沙自贸区国际贸易"单一窗口"正式上线，即通过建立统一的信息处理平台，服务于广州的国际贸易企业，涵盖货物进出口申报、运输工具申报、信息查询、跨境电商四大业务。企业一次性把满足全部进口、出口和转口相关监管规定的标准资料与单证或电子信息递交到"单一窗口"，在汇总各监管部门的处理意见后通过该平台返回给申报人，实行"一个平台、一次递交、一个标准"，该创新措施在极大地简化监管流程、提高监管效率的同时，大大提高了企业进行国际贸易的效率。

2016 年，广州市口岸办公室在积累 1.0 版的经验和进一步研究创新在广东自贸区南沙片区等地试点的基础上，推出了"单一窗口"2.0 版，极大地丰富了"单一窗口"的内容。"单一窗口"2.0 版增加了 8 个新的功能模块，包含进出口许可、舱单申报、国际邮件快件、企业资质、支付结算、物流动态、物流服务及国际会展，共计 12 个大模块，覆盖海关、边检、海事、税务等 21 个政府部门的相关业务，覆盖广州 2 个海关区，服务船舶代理、报关报检公司等各类国际贸易相关企业，满足海陆空邮铁等全方位需求。

在跨境电商监管方面，通过"单一窗口"，南沙首次推出提前申报、货到放行、共同查验等一系列便利措施，在一个平台一次提交所有申报资料，极大地推进口岸"三互"（信息互换、监管互认、执法互助）。

三、南沙自贸区发展愿景

广东省政府在《广州南沙新区发展规划》中提出南沙自贸区建设要坚持科学开发、从容建设的理念，以深化与港澳全面合作为主线，以生态、宜居、可持续为导向，以改革、创新、合作为动力，增创体制机制新优势，努力把广州南沙建设成为深化粤港澳全面合作的国家级新区，为全面推动珠三角转型发展、促进港澳地区长期繁荣稳定、构建我国开放型经济新格局发挥更大的作用。

南沙"十三五"规划纲要中明确规划了未来五年的发展目标。经济建设方面，快速提升经济实力，保证经济总量和人口数量双增长，到 2020 年区内国民生产总值比

2015年翻一番，人口数量超过100万；优先建设符合国际标准的法制环境、投资贸易便利、监管高效安全的自由贸易试验区；显著增强综合服务枢纽功能，建设南沙与广州城区、珠三角、港澳地区的便捷交通体系，发展集国际物流、贸易和航运金融于一体的现代航运服务业，打造世界一流国际航运中心，健全集疏运体系，提升港口管理信息化水平，实现全球前列的货物吞吐量，目标是2020年港口吞吐货物达3.24亿吨；国家自主创新示范区建设迅速突破，培育一批创新型领军企业和大批创新型中小企业。

城市建设及社会管理方面，基本形成"一核四区"的现代城市格局，促进城区集聚发展，建立公共服务标准，增强城市综合服务功能，加快城乡发展一体化，提高城镇化率，到2020年城镇户籍人口比例达到70%；生态文明建设全面进步，进一步改善环境质量，到2020年空气质量达标率达86%，城镇生活污水处理率达95%，生活垃圾100%无害化处理；大幅提升民生福祉，健全就业、教育、社保、医疗等公共服务体系，提高中等收入人口比重；健全社会治理体系，提高省会公共服务和管理水平，建立社会诚信体系，增强社会法制意识。

（一）现代服务业和先进制造业"双轮驱动"，发展现代产业新高地，引领广州产业发展

以引领地区产业未来发展为目标，全面对接国际化、专业化产业发展趋势，以海洋经济为特色，着力优存量、扩增量，重点发展航运物流、高端制造等五大主导产业，优质高效发展现代服务业，做大做强先进制造业，培育壮大战略性新兴产业，积极发展现代农业，推进产业集聚化、链条化、高端化、智慧化发展，打造珠三角高端制造业基地，建设以生产性服务业为核心的产业新高地，成为地区经济增长的新引擎。

1. 发展现代服务业

把握国际服务业发展趋势，充分发挥南沙制造业优势，优质高效发展南沙现代服务业，推进生产性服务业向高端专业化发展，生活性服务业向精品化发展，制造业由生产型转变为生产服务型，保质增量发展。

第一，优化发展生产性服务业。以自贸试验区为核心，围绕建设国际航运中心的目标，重点发展航运服务、科技服务、特色金融、服务外包、专业服务、专业会展及跨境电子商务等生产性服务业，将南沙打造为国际现代航运服务功能区。其中，提升现代航运服务，大力发展包括集装箱物流、保税物流、冷链物流和大宗生产资料物流等在内的现代航运物流，推动航运融资、结算、租赁等航运金融业，以及货运代理、船舶管理、检验、鉴定、估价、技术服务等航运服务业发展；重点发展包括科技金融、航运金融等在内的特色金融业，大力发展期货、证券、保险、产业投资基金、融资租赁等金融服务，推动粤港澳跨境金融服务合作。

第二，大力培育生活性服务业。重点发展包括高端商贸、健康产业、滨海旅游和文化体育等在内的生活性服务，培育壮大南沙自贸区生活性服务业增长极。其中，发展高端商贸，包括升级商业设施功能，建设集购物、餐饮、休闲等功能于一体的综合性商业体，构建粤港澳跨境电商信息平台，加快商贸智能化；发展滨海旅游，包括加强与港澳地区和国内外邮轮公司在邮轮旅游领域的合作，推进与港澳地区的游艇自由行合作项目，推动形成邮轮游艇旅游产业链；发展健康产业，包括扩大开放医疗服务市场，搭建高端医疗产业发展平台，吸引国内外知名健康产业总部进驻，引进港澳及国际高端医疗资源，建设国际高端医疗服务产业合作区。

2. 打造先进制造产业

积极实施《广州制造 2025 战略规划》，推动制造业信息化、智能化创新，服务化、国际化发展。鼓励制造业转变生产组织方式，向产业链、价值链、创新链更高端环节发展，加快中国（广州）中小企业先进制造业中外合作区的建设，促进民营经济发展。以万顷沙保税港加工制造业区块、庆盛枢纽区块、大岗临港产业区、龙穴修造船及海洋工程基地、黄阁国际汽车产业城等为载体，产生近港的先进制造业产业集聚效应，着力打造以下产业：

船舶与海洋工程装备：大力发展临港装备制造业，以中船集团龙穴造船基地为龙头，建设千万吨级修造船及海洋工程装备基地，目标建设国家科技兴海示范基地，大力发展包括船舶的制造、修理、设备和配套产品、技术研发及售后服务在内的全产业链，除此之外，大型港口作业机械装备及深水航道建设工程机械等海洋工程装备也是重点发展方向。[1]

高端装备：发挥部分高端制造龙头企业优势，如东方重机、海瑞克等，重点发展核电装备、新型发电和输变电设备、轨道交通装备及配套盾构机械、数控设备等高端装备及大型工程装备制造，着力打造以轨道交通装备研发和制造为核心的高端装备产业集群。依托南沙商务机场，规划建设通用航空产业园，培育发展航空航天设备制造、无人机制造等。

新能源汽车：着力打造千亿元级汽车产业集群，加快建设广汽丰田三期，引进和建设一批汽车物流项目，推进国际汽车物流综合枢纽及汽车进出口大通道建设。重点发展乘用车整车、发动机、电子控件系统和关键零部件生产，培育核心产业链。

高端新型电子信息：以国家物联网标识管理公共服务平台、国家超算中心广州南沙分中心、中国电信广州云谷数据中心等为依托，重点发展物联网核心芯片、物联网智能设备及终端制造业和以物联网为基础支撑的制造业，推动物联网技术广泛应用。

---

[1] 《船舶配套产业能力提升行动计划（2016—2020 年）》。

依托晶科、奥翼电子等企业技术优势，积极发展智慧照明、新型显示、电子纸、可见光及微波通信等高端制造业，建设新型电子信息产业基地。

3. 培育壮大战略性新兴产业

培育壮大战略新兴产业是引领产业结构优化升级的重要举措，带动经济社会进步，提升南沙经济发展质量和效率。结合南沙自贸区自身发展特色，培育发展战略新兴产业，包括：

海洋战略性新兴产业。其包括培育海洋电子信息、海洋生物，发展海洋信息服务、邮轮游艇等海洋服务业和海洋工程装备。建设一批重点实验室和重大科技基础设施，强化海洋科技，打造具有国际先进水平的南方海洋科技创新中心。

新一代信息技术产业。吸引境内外物联网、互联网、硬件生产和软件开发等企业总部及分支机构落户，壮大区内物联网、云计算、大数据等信息技术产业。

生物医药。其包括发展海洋生物医药及其制品，培育发展生物医药服务业，推动治疗性基因工程药品等基因药物产品研制、生产及产业化。加强与华南理工大学和中山大学等高校研究机构的合作，建设药物分子设计、药物合成过程工艺、药物筛选、新药临床前评价、药物制剂等相关科研平台，建立生物医药产业从"关键技术"到"产品"转化的产业链。

新材料、新能源及节能环保产业。其包括发展有机高分子新材料、锂离子动力电池等新能源材料，强化发展太阳能、风电、生物质能等可再生新能源，推动半导体照明产业化，示范推广大气治理技术装备。

（二）建设国际航运枢纽，打造广州"三中心一体系"和国家自主创新示范区的核心功能区

充分发挥南沙作为广州与世界接轨的桥头堡作用，围绕国家中心城市建设，依托港口核心资源，加快形成"三中心一体系"基本框架，将南沙打造成为广州国际航运枢纽功能的主要承载区，强化南沙对大珠三角、全国、全球的资源配置能力。

1. 建设国际航运中心

建设港口多式联运集疏运体系。重点推进江海联运、铁水联运、公水联运以及海空联运的三大港口交通体系，加快形成航运中心核心功能。大力拓展内陆"无水港"，构建珠江—西江流域江海直达运输网络。进一步完善海港口岸功能，围绕打造国际一流海港目标，重点推进南沙港三四期、南沙近洋码头、江海联运码头、国际通用码头、邮轮母港等重点项目建设。同时加快建设智慧航运，积极推动航运数据库、航运物流信息平台及航运交易信息平台的建设。

优质高效发展现代航运服务业。大力发展现代航运服务业，打造近港总部经济和航运服务业聚集区，重点发展国际中转、船舶登记、航运交易、航运租赁、航运金融等服务，促进"互联网 + 航运 + 金融"相融合。推动与港澳航运合作，以广州航运交易所等平台为依托，建设航运交易、服务、信息平台一体化，建立打造珠江航运交易指数。

强化国内外港口航运合作。国际合作，加强与国际班轮公司、航运中心合作，努力增加外贸集装箱班轮航线。积极对接"一带一路"发展战略，积极推动与海上丝绸路沿线的各国际港口的深入交流合作，鼓励国际大型港口航运企业或组织的分支机构落户南沙。国内合作，积极开展西南内陆至华南地区的出海大通道建设，深化与珠江—西江经济带各港口城市在航运物流和服务等方面的合作，实现优势互补。

加强制度创新和政策支持。研究制定与国际接轨的航运税费政策，探索国际船舶登记管理改革，落实启运港退税、放宽外资在国际船舶运输企业的占比限制等政策。围绕国际贸易"单一窗口"以及"海事诚信管理"制度建设，建立国际化船员评估和劳务输出管理体系，重点发展航运经纪人市场和船员劳务市场。完善核心功能区保障体系，建立海上搜救中心和智能海上管控中心，确保国际航行船舶和港澳航行船舶进出港高效安全，提高水上交通突发事件的应急处理能力。

2. 建设国际物流中心

推动建立国内外物流大通道。积极推动南沙港口、疏港铁路以及内部公路交通等口岸物流基础设施建设，拓展班轮航线和铁路班列等货物枢纽国际服务功能，促进国际通关、换装、多式联运有机衔接，增强南沙自贸区进出口货物的集散能力。强化与珠江—西江经济带、泛珠三角地区等内陆省份的物流合作，粤赣皖苏线、粤黔滇川线、粤桂线是重点建设的三条海铁联运物流通道，加快物流基础设施互联互通。

完善物流信息网络建设。依托大数据、移动互联等先进信息技术，以物联网应用为重点，加快推进区内企业建立自己的物流信息系统，实现从出仓、转运到入库全程物流信息可追踪。建设物流公共信息平台，推动物流公共信息与政务平台全方位对接，实现地区之间和行业内部的物流平台的信息共享。

推动重点领域物流发展。加快发展制造业物流、保税物流、冷链物流、国际物流和智慧物流，重点发展保税物流业务，构建全面保税物流系统。强化国际中转功能，积极拓展国际物流中转业务种类，加快建设国际中转中心。

推动现代物流创新发展。加快物流管理体制改革创新，探索建立物流领域的"负面清单"。试点建设标准化物流服务，提高物流设备的标准化水平，积累可复制推广的经验。开展物流政策创新，完善支持物流企业发展用地等系列政策。

构建专业化物流服务体系。重点推进汽车、船舶、智能制造等装备制造业、电子信息、生物医药等优势产业及新能源、新材料等战略性新兴产业发展的专业化物流体系建设。积极导入一批高端物流总部及现代物流企业，鼓励创建自主物流服务品牌，积极发展物流金融、物流咨询等新型服务模式，构建现代化高效物流服务体系。积极推进支撑一体化冷链物流中心、跨境电子商务产业园发展的物流服务体系建设。

3. 建设国际贸易中心

建立国际大宗商品交易中心，打造集大宗商品交易、结算、金融服务等功能于一体的临港交易中心。加快建设粮食、钢铁、有色金属等大宗商品的临港交易中心，建设大宗商品期货保税交割仓库，开展期货保税交割、"整车保税进口＋展示展销"、大宗商品 DIT 延迟中转、仓单质押融资等业务。

建设国际采购中心。开展出口采购集拼业务创新，建设国际采购配送中心、进口商品保税展示交易中心。加强实体商贸专业市场及商贸平台合作，引导大型批发市场在南沙设立国际商品集聚区、进口商品采购区，打造国际商贸采购平台。做大做强汽车装备、船舶装备、电子配件、医疗器械等商品市场，提升南沙高端特色会展功能，打造"会展＋电子商务型"临港型国际采购中心。

大力发展跨境电商。依托中国（广州）跨境电子商务综合试验区建设这一契机，加快建设跨境电子商务集中监管园区，发挥南沙保税港区政策优势，打造国家级跨境电子商务示范园区。加快跨境电商保税展示体验中心建设，重点发展 B2B2C 进口、B2B 出口和 B2C 直购进口等业务模式，建设进口消费品集散中心。加快跨境电商仓储建设，鼓励支持企业在境外设立"海外仓"，加入境外零售体系，提高跨境商品供应链管理效率。制定实施跨境电子商务快速通关、退税、结汇等便利化措施，打造集保税、物流、交易于一体的电商港。[①]

加快发展服务贸易。把握广州作为服务贸易创新发展试点城市的机遇，着力发展信息技术、金融服务、生物医药与健康服务、文化和影视服务、旅游、工业设计、专业服务等服务贸易。[②] 探索发展离岸贸易，不断拓展服务外包、知识产权、投融资服务、租赁贸易、保税展示等服务贸易领域。

4. 构建创新金融服务体系

深化金融领域开放创新。发挥自贸试验区先行先试的政策优势，试点跨境人民币业务，探索在跨境资金管理、人民币跨境使用等方面的先行先试。推动适应粤港澳服务贸易自由化的金融创新，完善金融业负面清单准入模式，简化准入方式，提升金融服务业对港澳地区的开放水平。大力发展航运金融、跨境金融、科技金融、金融要素

---

① 《中国（广州）跨境电子商务综合试验区实施方案》。
② 《广州市国民经济和社会发展第十三个五年规划纲要（2016—2020 年）》。

交易等特色金融业，打造跨区域的具有全国影响力的金融市场交易平台和全国融资租赁内外资统一试点的"南沙标准"，打造"一带一路"金融枢纽和支付结算中心。加快推动投融资汇兑便利化。探索在人民币资本项目下自由兑换、自由贸易账户等方面试点，探索本外币账户管理模式创新，深化外汇管理改革。发展跨境金融，开展跨境人民币贷款和发债、跨境双向人民币资金池、跨境支付等创新跨境金融业务。

培育发展产业金融和新金融。发展科技金融，鼓励设立更多科技支行、科技小额贷款公司、科技融资担保公司等，推动形成覆盖科技创新生命周期的科技、金融、产业"三融合"的模式。规范发展互联网金融，允许有能力的金融机构开展网络银行、证券、保险和消费金融等业务。积极培育和发展绿色金融、普惠金融、私募金融，建设区域性财富管理中心。

构建特色金融支撑体系。着力推进建设现代金融服务区，集聚金融要素，打造区域金融中心。以国际航运中心建设为突破口，大力发展航运金融，完善包括航运融资、担保、保险等在内的金融服务功能，探索构建以航运保险、航运产业基金为重点的现代航运金融服务体系。大力发展融资租赁产业，促进融资租赁业与制造业的产融结合，建设南沙融资租赁产业集聚区、华南融资租赁中心，打造国内融资租赁第三极。开展内外融资租赁行业统一管理改革试点，打造融资租赁的"南沙标准"。[①]

完善多层次资本市场。积极拓宽多元融资渠道，加快发展创业及股权投资市场。进一步简化企业注册登记等工作流程，培育市场化、法治化环境以吸引更多股权投资机构。继续大力引入保险资金支持南沙城市更新和新型城镇化建设。积极推动企业上市融资，鼓励具备条件的企业在包括主板、中小板和创业板在内的多层次资本市场上市融资。推进广州航运交易所、广州商品清算中心创新发展，积极引入香港澳门地区的投资者参股建设要素平台，加快设立和引进创新型要素交易平台。

建立健全金融风险防控体系。建立健全金融监管协调机制，探索建立本外币一体化管理机制，加强对跨境资金流动的监管。探索建立金融消费者权益保护协作机制，鼓励金融行业协会及自律组织建立包括调解、仲裁和诉讼在内有效的解决纠纷的机制，加大对金融消费者权益的保护力度。严厉打击各类金融违法犯罪活动，加强与金融监管部门联动，切实做好金融系统性风险的监测和防范工作。

5. 打造自主创新示范区的核心功能区

发挥自贸试验区和国家自主创新示范区的联动机制，顺应"互联网＋"发展新趋势，加快集聚创新要素，增强创新发展能力，全力推动南沙成为广州创新驱动领军者。

---

① 《促进南沙新区融资租赁业发展扶持暂行办法》。

（1）营造良好创新生态环境。

完善科技创新政策体系。出台一批支持政策，加大对科技成果转化、知识产权保护、科技型中小企业和科技创新平台等的政策扶持。建立多元化财政投入体系，撬动社会资本要素投向科技创新领域。

创新科研发展模式。创新科研产业合作模式，整合现有园区资源，搭建公共科技服务平台，推动区内骨干企业与科研机构建立产业技术创新战略联盟，引导中小微企业加强与科研机构的对接，推动产学研一体化发展。推动科研成果市场化，推进现有科研院所管理体制改革，对新引进的科研机构采取企业化模式经营，推动企业上市，拓宽企业融资渠道，提高科研成果市场化率。

建立科技服务体系。培育面向港澳乃至国际的科技服务咨询、科技中介服务机构，发展一批多专业的综合技术服务联盟，成立科技服务业协会，逐步完善科技服务体系。推动科技与金融结合，重点支持科技银行、风险投资、科技保险等发展。

（2）加快创新型企业培育发展。

从政策上大力支持高新技术企业发展。推动针对高新技术企业的扶持政策，重点培育一批高新技术企业，关注解决发展中遇到的问题，积极推荐区内优秀企业进入省、市级高新技术企业培育库，对于入库企业重点扶持。

培育和引导创新型企业。落实国家技术创新工程试点任务，实施创新型企业成长路线行动，重点支持具有一定规模的高成长性企业的发展壮大，发展一批创新型领军企业，形成一批创新企业集群。积极推动南沙企业贯彻落实国家知识产权管理标准，支持和引导企业自主知识产权的创造、应用、转化和维护。

（3）加强科技创新载体建设。

加强重大科研设施建设。加强科技基础设施建设，大力引进国家工程实验室、工程中心等创新基础平台，积极参与实施国家重大科技专项。积极推动与港澳及国外机构合作共建，推动协同创新。加快建设国际创新服务集聚区，以南沙湾、庆盛、南沙枢纽三大板块为重点，构建与香港科技创新联合机制，依托香港科技大学霍英东研究院引进更多国际成熟技术，推动项目落地，建设粤港澳创新成果产业化基地、科技研发聚居区和区域性科技创新服务中心。

培育新型研发机构。积极落实省市新型研发机构发展规划和支持政策，重点推动建立以企业为主体的工程技术研发中心、工程实验室、博士后工作站等科技研发机构。

完善企业孵化培育体系。落实省孵化器倍增计划，大力发展各类孵化器和加速器，重点推进明珠科技城、电子信息产业园、资讯科技园等一批科技产业园及新一代孵化器建设，力争创建国家级孵化器，打造创业全孵化链条。

（4）打造国际人才自由港。

创新人才体制机制。依托全国人才管理改革实验区（粤港澳人才合作示范区）的建设，加快推进人才发展体制机制改革和政策创新，在股权奖励、资金扶持、出入境、生活保障等方面先行先试，加快建设人才创新创业平台，吸引国内外高层次人才集聚。

创新人才培养引进体系。健全产学研人才培养体系，充分发挥区内重点科研院所的作用，加快建立产学研合作培养创新人才的新模式，着力培养本土高层次人才。加快实施广州关于集聚产业领军人才意见及配套文件，着力发展、培养、集聚创新型人才、高技能人才队伍，大力引进和用好海外人才，打造国际人才自由港。

优化人才发展环境。完善人才生态链，由政府引导和市场主导人力资源的配置，大力支持企业、高校、科研院所等培养人才。完善人才服务保障机制，设立"人才绿卡"，为创新创业人才户籍、医疗、子女入学和配偶就业等提供相应的政策支持。

（5）打造大众创业、万众创新示范基地。

加快建设创新创业基地。大力推动和扶持大众创业、中小微创新和创客发展，鼓励发展众创、众包、众扶、众筹空间。搭建创新创业平台，加快建设粤港澳青少年交流基地和青年创新工场，打造粤港澳三地创新创业青年交流合作平台。

支持和完善创新创业服务体系。简化注册登记手续，加大财政支持力度，搭建高效便利的服务平台，支持中小微创新型企业和创客发展。推动创新与创业结合，鼓励"微创新"。加强创业培训，推广新型孵化模式，为创业者提供一站式创业服务。

（三）深化重点领域改革，营造国际化、市场化、法治化营商环境

1. 加快形成全方位、高水平的对外开放规则体系和制度框架

《广州市国民经济和社会发展第十三个五年规划纲要（2016—2020 年）》明确加快建立与国际对接的制度框架的目标，实施建设市场化、国际化、法治化营商环境行动计划，围绕促进投资贸易便利化，积极对接港澳和国际通行规则，以建立国际贸易"单一窗口"、推进贸易便利化为重点的贸易管理制度，以资本项目可兑换和金融服务业开放为目标的金融创新制度，以政府职能转变为核心的事中事后监管制度等，加快形成全方位、高水平的对外开放规则体系和制度框架。

2. 优化管理机制，创新运行机制

一方面，不断优化行政管理机制。在理顺自贸区和行政区工作机制的前提下，形成各有侧重、协调联动、高效运转的管理架构。深化事业单位分类改革，实行政事分开和管办分离。

另一方面，创新行政运行机制。深化相对集中执法事权，推进综合行政执法体制

改革和行政执法公示制度建设；深化行政审批制度改革，推动行政审批标准化建设，推行依法承担行政职能的事业单位和政府部门权责清单制度，深入推进"三集中三到位"，提高行政效能。加快建设网上政府，推动行政审批和公共服务事项在线办理，提升政务服务效率和体验。

3. 扩大市场准入，激发市场主体活力

一方面，进一步扩大市场准入，对接港澳及国际标准，完善负面清单管理模式，进一步降低内外资市场准入门槛，逐步取消对内资的市场准入限制，放宽对外资的市场准入限制，促进投资贸易便利自由。同时加快推进商事制度改革，规范并简化市场准入程序，深入推进以企业登记"一照一码"、全流程"电子税务局"为重点的商事登记制度改革，建立"一口受理、并联审批、信息共享、结果互认"的一站式市场准入平台。

另一方面，激发市场主体活力。创新投融资模式，深化投融资体制改革，多种形式的股权、债权融资并举，大力支持国有企业发行企业债，与保险、基金等机构合作设立"保险资金债权计划""城市发展基金"等。深化国有企业改革，全面系统地谋划南沙国资国企改革发展，优化国企法人治理结构，完善国企领导管理体制，通过项目建设、改革重组、资源整合等方式，加快推动国有资产存量优化和增量布局。激发民间投资活力，积极引入非国有资本，鼓励非公有制企业参与国企改制上市、重组整合，向社会资本开放基础设施和公共服务项目。

4. 加强事中事后监管体系建设

健全现代市场监管体系，完善行政权责清单，开展外资安全审查和反垄断审查，建设南沙自贸区市场监管信息平台，跨部门协同联动统一市场监管，加强部门间信息互联互通。健全社会信用体系，实行信用分类监管制度，强化企业信用管理及监督检查，加快建设自贸试验区信用信息平台，实施企业经营异常名录制度和纳税信用"黑名单"制度①。强化和加快推进社会力量参与市场监督，建立健全专业化服务机构监管制度，支持专业化服务组织在自贸试验区提供专业服务、参与市场监管。

5. 高效通关，创新监管

提升口岸通关便利化水平，进一步拓展国际贸易"单一窗口"功能，完善海关快速验放制度，推广"互联网＋易通关""智检口岸"等创新模式，推动进出口商品质量全球溯源，逐步实现检验检疫业务全流程无纸化，深化检验检疫"智检口岸"新模式。

深化口岸监管模式创新，建设口岸监管"三互"机制，完善危化品"大数据"监

---

① 国家工商总局《关于进一步加强企业信用分类监管的意见》。

管，实施中转货物原产地签证制度，推进区内外关检合作，与口岸单位建立"信息互换、监管互认、执法互助"协作机制，全面推进关检"一次申报、一次查验、一次放行"，把南沙港口岸建设成国际一流的通关口岸。

6. 营造公正高效的法治环境

建设广东省知识产权维权援助中心南沙自贸区分中心，建立包含行政调解、社会组织调解、仲裁调解在内的多元化知识产权争端解决机制①。依托中国广州国际航运仲裁院、自贸试验区法律服务中心、中国广州国际金融仲裁院自贸试验区分院以及中国广州知识产权仲裁院自贸试验区分院等专业机构，探索建立南沙自贸区知识产权维权援助中心，健全国际仲裁和商事调解机制。创新粤港澳法律服务合作新机制，深入推进内地与港澳律师事务所合伙型联营试点，完善律师、公证、司法鉴定等法律服务体系。充分发挥自贸试验区法院作用，推动成立自贸试验区检察院，率先开展司法体制改革，为全国司法改革提供法治样本。

（四）加快构建珠三角区域综合交通枢纽，推动港澳深度合作，打造粤港澳全面合作示范区

1. 构建珠三角区域综合交通枢纽，推动南沙成为区域交通中心

以建设区域综合交通枢纽为目标，全面落实《广州南沙新区综合交通体系规划》，统筹推进港口、轨道交通、高/快速路网、市政道路和商务机场建设，构建海陆空综合交通体系，完善南沙连接周边地区、连接广州城区、区内交通三个层次的快捷交通网络，推动南沙由地理几何中心向区域交通中心转变。

（1）强化港口基础设施建设。

围绕国际航运中心建设，加快建设深水航道、大型专业化泊位、疏港铁路等基础设施，大力开辟港口国际航线，打造水陆并举、公铁并用、货主客辅的航运基础设施体系。

（2）加快轨道交通建设。

加快建设南沙通往港澳及周边城市的轨道交通，包括国家铁路规划的深茂铁路和南沙港铁路，省级规划的中南虎城际、肇顺南城际等城际轨道，以及地铁 4 号线南延段、18 号线、22 号线建设，推动开展广中珠澳城际、湾区东线等项目前期研究工作，形成南沙自贸区快速轨道体系，提升南沙辐射带动能力。加快发展现代新型有轨电车中运量轨道系统，适当超前规划建设新型有轨电车线网。

---

① 《加强中国（广东）自由贸易试验区知识产权工作的指导意见》。

（3）推进高/快速路和市政道路建设。

以南沙自贸区为中心，构建便捷高效的高/快速路网，加快推进广中江高速、番莞高速、深茂公路通道、深（广）中通道等高/快速路项目建设，建成"一环十二射"共230公里高/快速路网，加强与珠江三角洲的辐射联系。

高水平规划建设区内主干道路和跨江桥梁，重点推动"双环＋九射"道路系统建设，建立各组团之间的快速交通联系，构建明珠湾起步区、蕉门河中心区等重点平台内主干快速通道。

加强区域内部道路与对外通道的衔接，树立"窄马路、密路网"的城市道路布局理念，加快推进自贸试验区内市政路网建设，完善南沙自贸区骨架路网，构建"102060"机动车交通时空圈。

（4）增强综合运输枢纽聚合效应。

南沙"十三五"规划中明确提出：加快推进庆盛、万顷沙、南沙客运港等综合客运枢纽以及南沙商务机场建设，增强综合运输枢纽的聚合效应，完善与港澳及周边城市机场、港口、火车站等交通基础设施高效衔接，实现高铁、轨道交通、高/快速路、机场、水上交通及公共交通之间的便捷换乘。

提升城市通行速度，加快建设南沙通往周边城市的海陆空全方位、全天候交通体系，实现南沙出发30分钟直达广州核心城区，15分钟到达深圳机场，推动形成客运快速化、智能化的现代综合交通网络。加强智能交通系统建设，加快信号控制、高清监控等系统的建设，提升交通管理的智能化水平。

2. 推动与港澳深度合作，打造粤港澳全面合作示范区

围绕建设粤港澳深度合作示范区的目标，充分发挥穗港、穗澳合作专责小组平台的作用，创新粤港澳合作模式，以建设广州南沙粤港深度合作区为抓手，推动粤港澳全面、深度合作，重点强化基础设施对接、生态宜居环境共建、公共服务合作共享，打造粤港澳全面合作示范区。

（1）健全与港澳合作机制。

按照"内地法律框架下借鉴引入香港标准规范"的原则，在城市规划、运营管理、基础设施建设、商事管理、社会治理服务等方面开展先行先试和创新，打造粤港深度合作新载体，为粤港经济融合发展提供示范。紧密对接港澳在商事登记、人才引进、融资、跨境交易、投资者保护等方面的先进规则。

加强与港澳地区在包括法律服务、商事仲裁、民事调解等方面的合作，完善与港澳地区律师行业的合作联营，建立在企业、行业协会和商会之间有效的互动沟通渠道，对接国际标准，创建一流的国际商务环境。

（2）加强产业合作。

推进与港澳产业合作，加强与香港在科技创新、金融服务、航运物流服务、高端制造、商贸服务、休闲旅游等重点产业领域的合作。

鼓励高端人才跨境流动，建立港澳专业服务向内地发展的平台，吸引法律、会计、建筑等行业的专业人才在区内为内地企业提供服务，建设粤港澳专业服务集聚区。

充分利用港澳企业具备国际网络平台及熟悉海外营商规则的优势，推动区内企业与港澳企业开展联合投资、投标、承揽项目等多种形式的合作，与港澳企业联合"走出去"。

（3）优化粤港澳口岸通关环境。

加强南沙港区口岸查验机构建设，建立高效口岸监管机制，推动粤港澳旅客"两地一检，一次通关"的口岸通关新模式。对供港食品及农产品，要依据国际标准严格把关生产、检验和配送等各个环节，保证供港产品的优质和安全。对进出南沙港区的货物和船舶，实施国内同类港区最为优惠的查验监管行政收费。推动实施"粤港跨境货栈"项目，建立快捷通道保证24小时无障碍绿色通关，对粤港澳人员双向流动适当提供便利。

（4）深度参与全球竞争与合作，打造"一带一路"重要枢纽。

积极建设"21世纪海上丝绸之路"重要枢纽，发挥国家新区和自贸区在"一带一路"战略中的示范引领作用，建设"走出去"和"引进来"战略支撑枢纽，打造"21世纪海上丝绸之路"与丝绸之路经济带的结合点和重要枢纽，深化与泛珠三角地区在基础设施、区域创新和产业投资等领域的合作，打造港澳及国际市场与内地市场的双向通道和合作平台。

第一，加强与"一带一路"沿线国家地区的交流合作。提升基础设施互联互通水平，依托南沙国际海港，推动建设海上物流大通道。积极参与"一带一路"港口建设，加快建设沿线国家港口城市联盟，推动包括通关、质检等标准的对接，加强与各口岸查验机构的深入合作，争取丝路基金落户南沙。拓宽重点领域合作，扩大与东南亚、南亚、中亚等沿线国家和地区的经贸合作，着力优化利用外资结构，加强专业化招商，提升贸易层次及技术含量。加强与沿线国家在教育、医疗、体育、旅游、文化、科技等领域的合作，扩大人民币跨境业务创新，与沿线国家开展跨境金融资产交易。

第二，建设泛珠三角地区与国际合作综合服务平台，推进珠江—西江经济带区域合作，探索共建跨区域产业园区，联合打造江海联运国际物流通道，整合开发珠江—西江经济带的江海自然生态资源，加快形成区域经济共同体。积极推进南沙港区与泛珠三角地区各码头形成互联，促进与泛珠三角地区实现区域通关互认、检验检疫区域一体化，以南沙港为纽带打造泛珠三角地区通达国际市场的出海大通道。完善企业公共服务平台，深化与泛珠三角地区在基础设施、生态环境、金融服务等领域的合作，建成泛珠总部经济基地，加强与周围省市地区的联通和产业合作。打造港澳及国际市场与内地市场的双向通道和合作平台。建立面向全球的大招商网络，构建企业"走出去"和"引进来"政策促进、服务保障和风险防控体系。

第三，实现与周边地区协同发展，加强与广州中心城区全方位互动协作，有效承接产业、人才、资源等核心要素，加快形成国家战略功能。加强与珠三角地区合作，以建立珠三角港口城市联盟为抓手，以南沙港铁路、中南虎城际等重大交通基础设施互通为突破口，加强与广佛肇、深莞惠、珠中江经济圈基础设施的对接融合，形成区域经济发展合力，确立在珠三角世界级城市群建设中的核心功能。

第二章　南沙自贸区可供借鉴之创新经验

（陈华：暨南大学产业经济研究院）

一、推行"一口受理"注册

为深化行政审批制度改革，促进工商注册制度便利化，提高企业设立的办事效率，南沙自贸区自 2014 年 11 月起实行企业设立"一口受理"业务。"一口受理"是指通过整合多个部门审批流程，推行"统一收件、内部流转、联合审批、限时办结、统一发证"的企业注册模式。南沙区（含自贸区）审批权限及区域范围内拟新设立的企业（含内、外资）申请人通过"一口受理"窗口统一提交有关资料，可"一站式"办理新设立企业的各项相关业务。

南沙"一口受理"注册主要发展历程为：

2014 年 11 月 1 日：南沙政务服务中心设立了"一口受理"服务窗口，实现在该服务窗口同步办理营业执照、组织机构代码证、税务登记证（国税、地税）、公章和财务章备案等。

2015 年 2 月："一口受理"新增前置服务，正式成立企业帮办专业队伍，向企业提供无偿帮办服务。

2015 年 5 月 8 日："一口受理"范围纳入自贸区内企业的"外商投资企业备案证明"。

2015 年 6 月："一口受理"前置服务深入创新，南沙投资咨询公司推出集中管理虚拟注册地址，免费提供地址便于企业注册。

2015 年 6 月 8 日："一口受理"范围新增南沙海关的报关单位注册登记证书。

【延伸阅读】南沙全国首创海关证照邮政速递

南沙海关基于"互联网＋政务＋邮政""政务邮政购买服务"举措，实现海关证照邮政全省免费速递，在全国海关内亦属首创。南沙从事进出口的企业通过南沙"一口受理"模式办理海关注册登记手续，对政务办事邮寄地址在广东省内的办事企业和市民，推出申请结果（证照）政务专递免费包邮服务试点，此举在全国政务体系中也尚属首创。随着此次试点改革工作的突破，海关在南沙政务中心其他政务事项中，除了当日办结事项外，都将逐步加入政务免费速递服务，企业办理海关事项实现少跑腿、不花钱，并且整个寄递过程的各环节全部由专门通过严格的政审和培训的邮递员负责，从南沙发出的证照邮件均采用实名制收寄，即投递员将邮件交给收件人前，需验核收件人身份信息与电话号码，信息完全一致才完成投递。不仅在收件过程中采用实名制保障证件安全，用来装证件材料的红色 EMS 信封和红色塑料邮袋也是特别定制的，能够增加政务包裹的辨识度，进一步加强包裹的私密性和安全性。

2015 年 7 月 24 日："一口受理"范围新增人力资源社会保障局的社保登记证。

2015 年 9 月 23 日："一口受理"范围新增投资贸易促进局的对外贸易经营者备案与发改（统计）局的企业统计工作。

2015 年 10 月 8 日："一口受理"范围新增食品药品监督管理局的食品经营许可证（原食品流通许可证）。《食品经营许可管理办法》（国家食品药品监督管理总局令第 17 号）于 2015 年 8 月 31 日正式颁布，并于 2015 年 10 月 1 日起开始施行。其中，将食品流通许可证与餐饮服务许可证整合为新版食品经营许可证。

2015 年 11 月 17 日："一口受理"实现南沙自贸区企业登记 24 小时内领证。登记者无须往返各个政府部门，统一在一个平台就能办理，且办证流程大大缩减。

2015 年 12 月 11 日："一口受理"范围新增出入境检验检疫局办理的报检企业备案业务（含自理、代理报检企业备案及报检专用章备案），开始实行"统一收件、内部流转、联合审批、限时办结、统一发证"。

2016 年 4 月 19 日："一口受理"范围新增国内首创地方政府与金融监管机构共享信息功能——"账户e路通"。该业务的启动意味着南沙自贸区与中国人民银行广州分行携手合作，将开户许可证纳入"一口受理"模式，试点开展银行基本账户开户许可与企业设立登记业务联办。

十三证		
营业执照	外商投资企业备案证明	出入境检验检疫报检企业备案表
组织机构代码证	对外贸易经营者备案登记表	企业投资项目备案证
税务登记证（国/地税）	食品经营许可证	银行账户开户许可证
社会保险登记证	海关报关单位注册登记证书	住房公积金单位登记开户表
三章		
公章	财务章	报检专用章

【延伸阅读】"账户 e 路通"

"账户 e 路通"业务是一项重大的体制和制度创新，其改变了过去企业必须拿到营业执照后才能提出基本存款账户开立申请的情况，企业只需跑一次银行便可直接领取银行账户开户许可证，从而大大提高了企业账户开立效率，据预计将节约 3 个工作日时间。这是国内首创地方政府与金融监管机构协调共享信息，南沙成为全国首个开展该项业务的地区。

2016 年 8 月 10 日，为方便企业和群众办事，广州住房公积金管理中心南沙管理部的"住房公积金单位登记开户"业务正式进驻广州南沙政务服务中心 75~76 号窗口，为企业和群众提供快捷的住房公积金办事服务。同时，南沙管理部调整了"住房公积金单位登记开户"业务的办理流程，为南沙区新设立的企业开展企业注册与住房公积金单位登记开户业务并联办理，实行"一口受理、多证联办"。

截至目前，南沙"一口受理"可实现"十三证三章"联办功能。"十三证三章"联办是指对于企业设立登记所需办理的营业执照、组织机构代码证、税务登记证（国税）、税务登记证（地税）、社会保险登记证、外商投资企业备案证明、企业投资项目备案证、对外贸易经营者备案登记表、食品经营许可证、海关报关单位注册登记证书、出入境检验检疫报检企业备案表、银行账户开户许可证、住房公积金单位登记开户表等涉及工商、质监、国税、地税、公安、投促、人社、统计、食药监、海关、检验检疫、金融监管机构组织等部门的证照以及公章、财务章、报检专用章三个章。申请人仅需往返"一口受理"窗口两次，一个工作日（24 小时）内即可领取证章。

综上可见，"一口受理"将企业登记由原来"跑部门、跑窗口"的串联审批登记模式转变为并联审批模式，使企业以更短时间、更便捷的方式即可满足企业注册登记等一系列需求，减少了人力物力消耗与办理时间等成本。南沙自贸区率先推行企业设立登记"一口受理"新模式，实现"十三证三章"联办，市场准入联办证件数量和效率全国领先。下一步，南沙自贸区将利用"互联网＋政务"实行横向、纵向跨部门的"分类选办、智能导办、全程通办、多证联办"。

【延伸阅读】南沙企业设立操作流程

南沙区政务服务中心"一口受理"设置 8 个窗口，并配有专人引导、协助申请者填写申请材料，实行"统一窗口收件，统一窗口发照"。内资有限责任公司办理企业名称预先核准后或外资有限责任公司办理企业名称预先核准以及外经贸部门审批后，即可进入"一口受理"阶段。申请人只需在工商局网站或现场进行预约办理，在资料齐备的情况下，可以实现在一个工作日搞定"三证一章"（营业执照、组织机构代码证、税务登记证和公章）。

1. 内资企业设立流程

企业名称预先核准申请书、投资方身份证明复印件（企业：营业执照副本；个人：身份证）；

当场办结，领取企业名称预先核准通知书；

签订房屋租赁合同；

相关部门"一口受理"；

一个工作日后领取"三证一章"。

2. 外资企业设立流程

企业名称预先核准申请书、外方投资者身份证明复印件；

当场办结，领取企业名称预先核准通知书；

签订房屋租赁合同；

商务部门审批：企业名称预先核准通知书、房屋租赁合同、关于设立外资企业的申请书、拟设立公司章程（二人以上合资企业另需提供合资合同）、项目可行性研究报告、董事会成员名单、董事、监事、拟任法定代表人、总经理委派/任命文件及身份证复印件、投资者承诺书、投资方经所在国家公证机关公证并经我国驻该国使（领）馆认证的外国投资者的主体资格证明或身份证明、港澳台地区投资者的主体资格证明或身份证明应当依法提供当地公证机构的公证文件、投资方资信证明、投资方近一年审计报告、法律文件送达授权委托书。

3. "一口受理"

企业名称预先核准通知书、企业设立登记申请书、广州市公安局刻制印章备案表、组织机构代码申请表、新办承诺书、联办设立登记表、房屋租赁合同、拟设立公司章程、投资者的主体资格证明或自然人身份证明、董事、监事成员和总经理的任职文件及身份证复印件、法定代表人或负责人及经办人身份证复印件、前置审批文件或证件、经办人办理登记授权证明文件；

一个工作日后领取"三证一章"。

4. 足不出户办理营业执照

2016年10月起，优化的南沙企业设立注册"一口受理"系统正式运行，增加了银行电子签名认证和双向快递等功能，实现了足不出户办理南沙区范围内的营业执照。首创工商登记电子签名认证，20分钟左右即可完成网上营业执照申请，优化后的"一口受理"系统暂时只适用在南沙区设立的内资企业。

以往通过网络办理营业执照的困难在于需要用实际签名对用户身份进行认证。南沙行政审批局筹备组与银行机构合作，在企业注册中引入了银行个人数字证书（即U盾），利用个人数字证书对申请人进行身份确认，并对电子申请材料进行电子签名，保障了申请人身份和所提交电子申请材料的合法性与真实性。"一口受理"系统按照企业设立类别，建立包含企业设立所需要填报的全部资料的标准化表单库。网上办理营业执照，首先登录广东省网上办事大厅，随后选择南沙片区"一口受理"平台，根据系统提示完成网上申请流程即可。

优化后的"一口受理"系统充分考虑到不同群体的需求，提供账号登录与网银登录两种登录方式。利用网银登录进行注册登记的，通过个人数字证书对注册主体进行身份识别，对所填报的电子表单进行电子签名认证。通过系统内的快递功能，快递资料或领取营业执照。"电子签名＋快递"功能组合，达到足不出户办理营业执照的目的。

方式一 账号登录方式

1 用户首先在广州市红盾网进行内资企业设立名称核准通过

2 登录网上办事大厅——南沙片区"一口受理"平台：http://wsbs.gzns.gov.cn/ns/wsbs/indexqy.jsp

3 选择自贸区内（或区外）内资企业设立

4 根据自身情况选择有限责任公司或分支机构

5 通过"账号登录"进行个人身份信息登录

6 依据内资企业章程分类，"一键"下载公司设立表单进行填写

7 表单完成填写，提交

8 根据系统提示，跳转至广州红盾信息网进行叫号预约：http://www.gzaic.gov.cn

9 用户根据预约时间到南沙政务服务大厅办理

二、建立市场监管信息平台

南沙自贸区市场监管信息平台是以"一个平台管全程"为指导思想，运用"互联网＋监管"的思维，将各部门的监管信息汇集到一个平台进行共享、利用，实现综合监管和执法，最终达到加强事中事后监管，建立以宽进严管的市场准入与全流程监管为目的的统一市场监管和企业信用信息公示平台。该信息平台突破了以往依靠事前审批的模式，转向加强事中事后监管，形成"企业自治、行业自律、社会监督、政府监管"的社会共治格局。其主要功能包括落实企业年度报告、经营异常名录等制度，完善市场监管和企业信用信息公示平台，建立跨部门协同联动的协作机制，强化各部门认领监管，加快物联网服务中心建设，加强全流程监管等。

该信息平台第一期项目于 2015 年 2 月 10 日上线试运行。该平台类似于一个大型数据库，汇集了 45 个部门提供的涵盖市场准入、税务、食品安全、行政处罚、企业信用、外管、检验检疫、行业自律等 119 个专题数据，约 108 万条信息。把全区 4 万多户商事主体划分成 4 个信用等级，实施分类监督管理，为南沙自贸区实现高效的市场监管、准确的信用约束、科学的政府决策提供有力保障，并促使各类市场主体守法诚

信经营。为了探索自贸区创新行政管理，实现全流程监管，该平台主要包含以下内容：

六大系统专题：市场准入监管、质量监管、市场竞争秩序监管、消费维权和社会监督、食品安全监管、网络交易监管。

特色专题：货物服务贸易监管、金融服务监管和行业自律监管（特色专题是根据南沙自贸区重点发展对外服务贸易、社会管理创新的要求进行规划建设的）。

供公众查阅、政企互动的公众外网平台：总体来看，信息平台形成"9＋2"，即九大监管专题数据库与两个专用平台，一个是供政府部门管理应用的政务外网平台，另一个是供公众、企业使用的互联网平台。

该信息平台的优势：一是监管信息共享交换，打破信息"孤岛"。以前各部门的行政许可、监管信息、执法信息和信用信息都不在一起；以后借助区政务信息资源共享平台和区商事登记管理信息平台，建立市场监管专题数据库，连通区属、市直驻区等40多个部门，实现市、区职能部门监管信息的共享，打破了市、区两级政府的监管信息"孤岛"。二是监管信息关联整合，强化全流程监管。通过唯一的监管识别码实现跨部门监管信息的注册和关联绑定。全区4万多户市场主体进入平台后将自动获分配唯一的监管识别码。各部门通过业务系统数据接口对接、数据批量导入、手工录入等多种方式，将各自的监管信息与市场主体一一绑定，实现关联查询和应用。三是监管信息综合利用，辅助政府决策管理构建综合监管快速反应机制。通过监管信息预警、联动协同、违法信息抄告等功能，借助平台可发起多部门的联合执法行动。对不属于部门监管的问题，通过平台能够第一时间将问题推送到相关部门进行跟进，限期反馈，有序畅通部门协同联动，切实提升监管效能。

南沙在全市率先实现通过商事登记管理信息平台，对新设立、变更的商事主体进行认领监管。目前采取的是"谁家孩子谁家抱"的原则，每个部门都要在三天内对新设企业进行"认领监管"，"涉及环保的，环保部门要主动联系企业；涉及消防的，消防部门也要上门检查"。

【延伸阅读】市场监管信息平台多部门联动机制逐步完善

2016年8月，广州海关隶属南沙海关与南沙开发区（自贸区）市场监管局正式签署了《加强事中事后监管，建立完善守信联合激励和失信联合惩戒制度合作备忘录》。根据备忘录，广州海关隶属南沙海关与南沙开发区（自贸区）市场监管局共享数据，信息互换"一套标准"。双方通过信息平台进行共享，以企业统一社会信用代码对互换的信息进行关联整合，从而实现共享。同时，南沙海关定期向南沙开发区（自贸区）市场监管局推送企业注册登记及许可信息、企业信用等级信息、企业行政处罚信息以及跨境电商企业名单。

日常工作机制包括以下几方面：一是线索核查，平台推送市场主体违法经营线索，接收部门根据线索进行核查并做出对应处置，及时打击违法经营活动；二是执法信息抄告，掌握企业在外部部门检查结果、吊销营业执照信息等执法信息，加大对违法企业事中事后监管；三是日常网格化监管，根据行业种类、分布将辖区企业划分成不同网格化区域，借助南沙辖区内网格员的力量做好协同监管；四是重大事项联合行动，重点整治假冒伪劣、侵犯知识产权、走私犯罪等违法经营行为；五是执法证据材料的共享利用，对于双方在执法过程中形成的证据材料，一方因执法需要调取、查阅时，另一方积极提供协助。综上可见，市场监管信息平台在多部门联动机制方面正逐步健全与优化。

三、推行快速验放机制

南沙自贸区海关积极创新监管服务，创设快速验放机制，实施国际转运货物监管新模式，创新企业管理模式争创审批"自贸区新速度"，全力支持广东自贸区南沙新区片区建设发展。

（一）设立快速验放机制

通关速度为衡量自贸区贸易便利化的重要指标。南沙海关在自贸区创设快速验放通关模式，提高进出口货物通关效率。该模式以海港智能化管理信息系统以及FS6000、H986等高科技查验设备为支撑，再造监管查验流程，实现进口货物"提前申报、船边分流验放"，出口货物"提前申报、卡口分流验放"，对需要查验的货物优先实施快速机检，不需查验的货物即卸即放、直通放行，使通关作业的各个环节由串联变为并联同步运作。

与传统货物"到港—理货—申报—验放"串联作业模式不同，新机制通过提前申报、数据对接等手段实现顺势监管。货物到港时即根据是否查验进行分流，无须查验的直接放行，需要查验的优先实施快速机检验放，实现"提前申报—到港分流—验放"的实体物流与海关通关并联作业，最大限度地减少货物等待验放时间，避免了重复运输、重复调度移箱，有效地降低了港口物流成本。

经测算，启用快速验放通关模式后，海关通关时效提高50%以上，进出口货物物流运转时间由原来的2~3天缩短为1天以内，极大提升了南沙港区整体通关效能和物流效率。

（二）创新企业管理模式，争创审批"自贸区新速度"

南沙海关为方便南沙地区注册企业在广州市区办理业务，将"广东省网上办事大厅广州分厅'中国海关'模块"上挂南沙自贸区网站，南沙自贸区企业可通过网上便捷办理企业注册登记、变更、报关人员备案等海关业务。

海关积极配合广东省商事登记制度改革，进驻南沙政务服务中心，实现业务申请"一口受理"。梳理、优化各项内部审批事项办理时限，实现审批速度提升50%的目标，打造审批"自贸区新速度"。南沙海关与南沙自贸区市场监管信息平台实现互联互通，将与工商、税务等几十家政府用户单位实现企业信用信息共享，加强协同监管，提升整体服务水平。

海关在自贸区建立普惠制的协调员管理制度，配备高素质的海关业务协调员，提供政策宣传、疑难问题快速解决的服务。南沙海关的服务举措适应了企业对自贸区"精、简、减、便"的需求，全面打造自贸区发展营商环境高地。

（三）海关监管制度创新促进新兴贸易集聚

为满足新型贸易业态发展和现代化企业管理需求，南沙海关加快进行监管模式创新试点。海关探索对融资租赁业务实行"入区保税、完税出区、出口退税"的监管模式，支持在特殊区域试点开展期货保税交割、融资租赁等业务。例如，渤海租赁单机公司在南沙注册并在广州开展飞机租赁业务，通过融资租赁方式落地南沙的飞机增至3架，成为南沙自贸区跨境飞机交易结构的又一大创新突破。融资租赁业务是实物信用与银行信用相结合的新型金融服务形式，有利于推进贸易发展方式转变、提高资源配置效率。

南沙海关制定符合货物、服务贸易综合发展的管理制度和具体措施，支持开展研发、设计、检测、维修、多功能贸易区等新型业务，吸引民族工业品牌美的将全球维修业务落户南沙，定位南沙保税港区开展全球维修业务，极大拓展丰富了南沙保税港区的功能。

南沙海关还推行"批次进出、集中申报"试点，落实区内企业"自行运输"等措施，实现保税货物便利快捷流转，物流效率提升30%，满足了现代化企业24小时全天候作业和零库存运营需求，先后吸引松下、惠而浦、大创等国际知名公司入驻开展国际采购、配送、分销业务。

【延伸阅读】"提前申报、随机布控、货到验放"

依托FS6000、海港智能化管理系统等科技设备，在南沙港再造监管查验流程，创设"提前申报、随机布控、货到验放"模式，"进口货物船边分流，即卸即放"；"出口货物卡口分流，即放即装"，需要查验的货物优先实施快速机检，不需查验的货物即卸即放、直接通行。例如，集装箱货车驶入 FS6000 查验区，汽车匀速通过就可以查验扫描完毕，无须像旧款 H986 那样把车停在查验区内并让司机撤离。

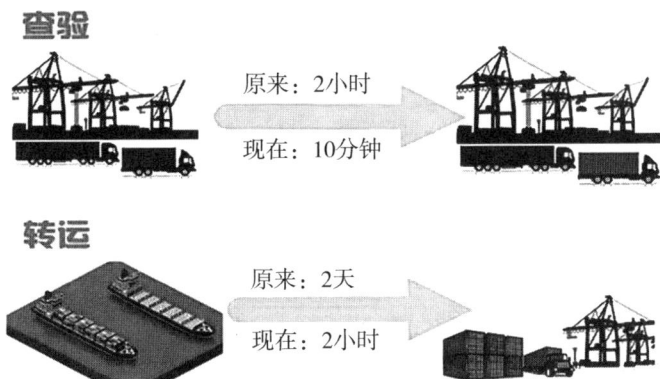

这一作业模式将通关作业由串联变更为并联同步运作。优势主要体现为：一是使海关查验作业时间由原来的平均 2 小时减少至不到 10 分钟，海关通关时效提高 50% 以上；二是码头作业效率也大幅提升，带动南沙港进出口箱量不断攀升，对推动广州国际航运中心建设、促进通关贸易便利化具有重大意义。

四、开创国际转运自助通关新模式

自贸区的效应之一是港口货运物流的集聚，对增加转口贸易、发挥港口枢纽作用起到直接刺激作用。南沙海关抓住时机再造国际转运监管流程，支持航运物流发展。海关依托海港智能化信息管理系统，对国际转运货物进行流程再造，叠加无纸化申报，通关数据自动转换，系统自动审核等便利措施，在全国海关率先推出南沙港区国际转运货物自助通关新模式。

该措施实现两条国际航线同时挂靠时相互中转的"即卸即装"，24 小时全天候自助通关。该模式下，货物转驳时间由原来的 1~2 天缩短至 3~5 小时，卸船理货报告生成时间从原来的 6 小时左右大幅减少至 5 分钟左右，实现国际转运船对船作业，大大提高企业通关效率，降低物流成本。这对进一步吸引国际航线挂靠南沙港，助推国际航运中心建设意义重大。

该政策再造国际转运监管流程，支持航运物流发展。通过海关管理系统与南沙新港码头作业数据实时交换，取消纸本申报和人工审核手续，国际转运货物可无纸化申报，通关数据自动转换、对碰，系统自动审核、放行、核销，实现24小时全天候自助通关，港口运作效率、自动化水平大幅提升。

2016年，南沙海关进一步发挥自贸试验区辐射带动作用，对接"一带一路"战略，促进南沙、机场和佛山三大引擎强劲发力，支持加工贸易企业延长产业链、提升附加值、增强竞争力、开展国际产能合作，更好地服务国家，促进加工贸易创新发展战略。同时，还将加大AEO（Authorized Economic Operator）认证力度，拓展"一带一路"沿线国家关际合作。南沙海关创新监管推动自贸试验区建设发展，陆续推出口岸查验配套服务费改革、"粤港跨境货栈""互联网＋易通关"等八项再创新制度。

（一）自助通关再创新制度一：口岸查验配套服务费改革

政府购买查验服务改革实施后，企业向查验服务单位支付的查验服务费用得以节省，大大降低了经营成本，使得企业的产品市场竞争力有所提高，贸易量也有效增长。这项惠及众多进出口企业的新举措就是口岸查验配套服务费改革。自2015年7月8日广东自贸区南沙新区片区率先在全国试点以来，符合条件的外贸企业享受改革红利，对查验没有问题的集装箱，免除企业吊装、移位、仓储等费用，此类费用由政府财政负担；而查验发现有问题的集装箱所涉及的相关费用仍然由企业承担。

2016年4月1日起，该项改革已经在全国范围内复制推广，海关与地方政府合作推动的"南沙模式"成功走向全国，赢得了改革话语权。试点以来，南沙海关改革和创新监管模式，优化查验绩效，进一步增强查验的针对性和有效性。充分发挥大型集装箱检查设备进行非侵入式查验具有费用低、时间短、无损害的优势，落实"机检为主、人工为辅"的查验模式，降低企业因货柜掏箱、装卸产生的费用，缩短查验时间，提高查验效率，逐渐向机检为主的查验模式迈进。据测算，货柜的重复流转产生的额外操作费用达到500元/柜，实施新机制后，每月可为企业节省较大的操作费用。海关效率的提升带动了码头作业效率和作业量的提升，泛珠三角地区腹地的物流吸引力和带动力越来越强。

可见，在区内进出口集装箱口岸推行政府购买查验服务费用，充分体现了"守法便利，违法惩戒"的原则。该创新政策为在南沙进出口的企业带来实实在在的红利，对推动广州国际航运中心建设、促进通关贸易便利化具有重大意义。

（二）自助通关再创新制度二："粤港跨境货栈"延伸物流终端

"粤港跨境货栈"项目是实现香港机场与南沙保税港区物流园区一站式空陆联运的一种新型物流经营模式，相当于将香港空运货站货物的收发点延伸至南沙。统计数据显示，香港大约有超过 70% 的空运货物是以珠江三角洲为来源地或目的地的，仅 2014 年，香港空运服务有限公司处理航空货物就有 5 万多吨。

以往货运代理需要把货物从香港机场提回仓库，甚至再派送到香港本地仓储运输代理仓库后才能安排转关运输，涉证类货物更需在香港等待 2～3 天获得许可证后才能安排转运。在"粤港跨境货栈"模式下，海关叠加"粤港两地海关监管互认""跨境快速通关""智能化卡口验放"等便利措施，货物运抵香港机场后，可以直接装车安排转运至南沙保税港区，最大程度降低仓储和物流成本，提高运输效率。

南沙海关还充分发挥南沙保税港区和机场综保区的引擎驱动作用，完成首架以保税融资租赁方式进口的飞机办理快速通关的手续，实现了广州飞机融资租赁业务的"零的突破"；支持广州港集团以南沙海港作为母港，在周边腹地建立"无水港"，促进内陆地区建立具有"一站式"港口服务功能的物流中心，已建成 10 个"无水港"。海关还积极参与广州"港口城市联盟"计划，加强与联盟港口的通关协作，南沙对内陆腹地和国际航运物流的吸引力与带动力更加明显，自贸试验区功能优势得到辐射拓展。当前南沙港已有国际航线 63 条，逐步成为连接内河、贯通海上丝绸之路的航运新枢纽。

2016 年，南沙海关加快推进"粤港跨境货栈"项目软硬件设施升级，全力推动南沙汽车和散货业务发展，推动"启运港退税""全链条智能化物流监控模式"、旅客智能分类便捷通关、快件智能一体化监管等改革，以及南沙自贸区与机场综保区在海关政策功能、业务监管、信息平台等方面的联动发展。

（三）自助通关再创新制度三："互联网＋易通关"

从 2015 年 10 月 25 日起，广州海关联合南沙自贸区率先启动"互联网＋易通关"改革。此项改革创新在全国属首创。其主要目的是推动企业通过互联网平台即可完成进出口货物海关通关手续，促进贸易便利。企业通过互联网，随时随地便捷自助办理报关、查验、缴税等通关业务，优化提前归类审价手续，多数情况下不再需要前往海关即可办结通关手续。

以往除少数企业付费安装系统办理报关，在南沙口岸进出口货物超过九成由代理报关公司报关。尽管海关已实现 7×24 小时接受申报，但企业无法在代理报关公司的非工作时间委托报关，同时企业还必须到口岸现场完成查验、缴税等货物清关手续，报关时间、报关地点和通关作业都受到一定限制，企业报关仍有诸多现实不便。

南沙海关改革后依托互联网企业可自助下载录入申报程序（软件），达到足不出户、随时随地向海关免费报关的目的，除南沙注册的进出口企业外，甚至全国任一进出口企业均可以基于互联网实现足不出户向南沙海关录入和申报报关数据，自由选择报关时间和地点，实现全国甚至全球全天候向南沙口岸报关。

改革使报关的时空限制得以"松绑"，企业到现场办事的人工、交通、时间等成本大幅降低。订单的处理、货物的调度、业务的运营也更加灵活便捷。

以往企业申报之后，仍需到通关现场处理查验、打印税单等环节业务。改革后，海关通过互联网向企业推送查验通知，经企业申请可在企业不到场的情况下开展查验，查验无问题直接放行，查验有问题的才通知企业到场。这项服务措施与"口岸查验配套服务费改革"相叠加，使查验没问题的企业不仅不需要支付费用，还可以不到场跟进，进一步节约通关时间，降低通关成本。

海关还开发报关系统数据对接功能，方便企业使用企业 ERP 系统直接导入、导出报关数据，并提供"互联网＋提前归类审价""互联网＋互动查验""互联网＋自助缴税"等便捷服务。海关为符合资格的企业免费提供"提前归类审价"认定服务，支持解决报关面临的专业性难题，企业网上自主报税，无须到场打印纸质税单等。企业通过互联网完成申报、征税、放行等通关手续，真正实现"足不出户"全流程自助通关。

南沙海关率先实施这项改革，把海关主要通关业务迁移到线上，企业通过互联网办理通关业务，实现重要通关环节"零跑动""零耗时"，使改革的红利直接惠及企业。通过制度创新，打造自贸区"环境高地"，大部分进出口货物可实现"零成本"快速自助通关，国际物流将加速向南沙集聚，助力国际航运物流贸易中心的建设。同时，也使海关执法更加公开透明，真正实现"让权力在阳光下运行"。

除了"易通关"平台，12360、手机 App 及短信、微信等其他渠道也提供便民申报、辅助报关导航和智能提示等。企业可接收海关发布的权威辅助报关信息，实时掌握货物通关进度，直接节省企业到现场办理手续的人工、交通等费用。下一步，南沙海关还将建立互联网智能辅助系统，推进网上报关服务平台建设；主动融入广州国际贸易"单一窗口"建设，推动企业足不出户通过互联网办结口岸大通关手续。届时，南沙自贸区将有更好的"大众创业、万众创新"环境。

综上可见，国际转运自助通关新模式、口岸查验配套服务费改革、"粤港跨境货栈"与"互联网＋易通关"等创新制度叠加产生的连锁效应和溢出效应，极大地节省了外贸企业通关成本，有助于打造改革高地，加强南沙港对泛珠三角地区腹地的物流辐射带动力，吸引国际航线挂靠，推动广州国际航运中心、物流中心、贸易中心的建设。统计数据表明，改革以来，南沙海关监管货运量、南沙新港的航线数量均同比大幅增长，逐步成为连接内河、贯通海上丝绸之路的航运新枢纽。

五、建立国际贸易便利化"智检口岸"

南沙口岸以"改革创新、便利高效和信息化建设"为目标，大胆探索实践，深入开展"互联网＋"行动，全力打造以"智慧服务、智慧流程、智慧监管、智慧联通"为主要内容的"南沙智慧口岸"，初步建立起公平、便利、安全、开放的新型通关模式，在建设国际化、市场化、法治化营商环境方面迈开了坚实的步伐。

"智检口岸"分为对外的公共服务平台和对内的业务监管系统，运用"互联网＋检验检疫"和线上线下组合监管的工作理念，达到信息共享、高效服务和科学监管"三位一体"。

"智检口岸"由重管理向管理和服务并重的方向转变，有力地促进了服务型政府和有为政府的建设。南沙口岸以高效便利为导向，利用科技化的监管手段，对船舶作业实行了"先通关，再查验"和24小时随到随检，船舶进出口岸时间由原来的20分钟缩减至2分钟以内，对过境南沙口岸的邮轮旅客实施免办边检手续，对货物监管首创了快速验放机制，实施国际转运自助通关模式，建立了采购出口商品检管区，推行DIT国际延迟中转和改革原产地签证管理以及"双随机"查验改革等。这些改革措施的实施减少了办事环节，优化了业务流程，实现了船舶作业的"零待时"和通关作业的无纸化，推动了贸易各要素的自由便捷流动。

南沙以企业诚信建设为导向，通过建立诚信评级体系、设立守法企业绿色通道，实现差别化通关监管，并通过对接南沙自贸区市场监管平台、公共服务资源管理平台，实现"信息互换、监管互认、执法互助"，强化事中事后监管。在全国率先实施免除查验无问题外贸集装箱查验费试点，重在支持和鼓励企业守法经营，建立了全国首个进出口商品全球溯源体系，消费者可以通过App方式查询商品信息；试行船舶代理诚信分级管理机制，把从事国际航行船舶代理的公司分为A、B、C三个诚信等级，为A级诚信代理开辟"先通关后查验"的绿色通道。这些措施的实施，推动重建信用体系、重塑企业形象，促进信用经济建设。

南沙以互联互通为导向，推行区域通关一体化改革，落实国家"一带一路"战略，进一步提升南沙自贸区在南中国地区和全球的资源配置能力。南沙港区开通数十条国际航线，增加了班轮密度，53条"穿梭巴士"集装箱驳船支线已基本覆盖珠三角港口群，15个无水港已将集货敛货体系辐射到泛珠三角领域，并积极推行国际AEO互认制度，建立了"粤港跨境货栈"（超级中国干线）。这些措施的实施，实现了口岸信息共享和查验结果互认，增强了对国内、国际两个市场航运资源的吸附力和配置能力，进一步提升了南沙口岸服务能级。

"智慧口岸"溢出效益初步显现：航运物流企业数大幅新增，产业平台初步搭建；博禄、沙比克、巴斯夫、巴塞尔等企业已在南沙开展国际贸易业务，初步形成了塑料粒交易中心；多家"旅游购物出口商品"试点企业完成旅游购物出口货物集拼，初具规模；日本大创、美国惠而浦、德国欧司朗等跨国公司国际配送也成为南沙全球配送中心的主力军。

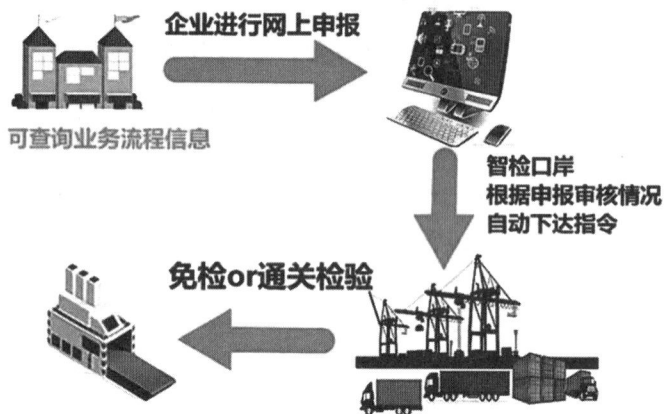

南沙自贸区智能口岸通关系统

加快建立以智能化通关为支撑的贸易便利化模式，是南沙自贸区改革的另一项重点内容。检验检疫部门在辖区全面复制推广第一批创新经验，第二批中的会展检验检疫监管新模式、优化原产地签证方式、入境维修产品监管标准体系建设、全程无纸化等创新经验也已在辖区全面推广，进口食品快速放行、"一二三四"跨境电商、市场采购监管等新模式实施推广。新模式的实施，有效加快了货物放行速度，为企业合理安排销售生产、减少库存压力、节约物流成本、增加货架期创造了条件。统计数据显示，2016年1—11月，进境货值106.53亿元，出境货值12.78亿元；平均通检时间控制在105秒内，"智检口岸"检疫查验进入"读秒时代"。

同时，海关部门也已在全省及相关范围内完成复制推广"国际转运自助通关新模式""互联网＋自主报关""互联网＋加工贸易"、企业主动披露及出口货物"一次申报、分批出境"等改革创新经验。通过实施国际转运自助通关新模式，实现了国际中转货物无纸化申报，系统自动审核、放行，24小时全天候自助通关。企业只需在线上登录平台进行申报、查询和备案，不需要下载任何客户端，24小时无纸化网上办公，真正实现"六零申报"。

可见，"智检口岸"构建了事前备案、事中采信、事后追溯的检验检疫工作新模式，减轻口岸通关环节压力。办结时间由原来的平均2～3天缩短为16分钟，产品合格率大幅提升 24 百分点，查验率降低了 90%。商品风险低、企业信誉高的实施现场免查验，绝大多数货柜可在 1 分钟内办结所有手续。"智检口岸"提升了南沙港的竞争力，吸引了大批市场采购商家和国内知名电商平台落户南沙，直接推动了南沙港新开多条国际航线。

【延伸阅读】构建对接国际高标准经贸规则新体系

天运国际物流（广州）有限公司于 2009 年 2 月在南沙保税港区注册成立，广东自贸区南沙新区片区成立后，该公司报关部经理切实感受到了自贸区在通关效率和企业减负方面的不断优化提升。

首先是节约运营成本。报关部经理算了笔账：改革后海关实行"先入区，后报关"，企业自有车辆在南沙海关备案后就可以做区间运输业务，车辆运营成本方面每年节约达 200 万元；原本通关采用的是 H2000QP 系统，需要预录入排队，且需要收费，改革后采用海关主导的"互联网 + 易通关"软件，在办公室就能 24 小时免费预录入报关单申报及舱单运抵申报，光是这一项举措，企业在录入费方面就节约了 5 万元/月；原本申报进出口货物需要使用纸质手册现场申报，改革后采取了月度、批次集中申报制度，且各项业务都集中在"单一窗口"进行办理，也大大减少了窗口办事所需的人力财力成本。

其次是效率大大提升。报关部经理表示，智能化卡口实施前，只有在海关上班期间才能申请办理，每车次约 0.5 小时，而且晚间无法作业，改革后采取了智能化卡口验放管理制度，实行全天无间断电子值守，园区与码头也实现了"一卡通"，采用电子关锁监控，无缝区港联动，作业效率成倍提高；实行的快速验放机制使验放时间由原来的 1 个工作日缩短至 4 小时，查验时间缩减了 60% 以上；仓储货物按状态分类监管，允许非保税货物与保税货物一同参与集拼、分拨，再进行集中申报，这一项措施提高了仓库利用率和货物周转率，车辆作业效率也得到了提高。改革后，对非法检货物实行简易申报，对于普通货物实现了快速验放制度，通关效率已达到秒速。

构建对接国际高标准经贸规则新体系，南沙自贸区不断营造国际化、市场化和法治化的营商环境。比如国际贸易"单一窗口"功能，如今 2.0 版已上线运行，免除报关环节费用，边检、海事、港务申报业务全部通过"单一窗口"申报。"信息互换、监管互认、执法互助"机制进一步完善，制定数据共享标准并确定查验结果互认范围。政府部门、口岸单位和企业数据资源高度整合，推动商流、物流、信息流和资金流"四流合一"，企业可通过平台一点接入、一次性递交满足监管部门要求的格式化单证和电子信息。

还有创新口岸检验检疫服务模式。通过"货物检验检疫流程时长监控信息化管理系统"，南沙自贸区内港口出入境货物放行速度大大加快，平均放行时长比全国低42.8%，平均签证时长比全国低71.2%。建立"一检通"信息化平台，企业可免费便捷完成绝大部分检验检疫业务的备案和申报手续；提升"智检口岸"平台功能，推出全球质量溯源体系2.0版，涵盖食品、消费品、汽车等品类，共发码1 528万个，溯源查询逐渐火热，遍布全国31个省、市、自治区，港澳台地区和亚洲、欧洲、北美洲、大洋洲四大洲，赢得全球消费者的广泛信赖。

六、跨境电商监管模式走向全国

　　跨境电商产业方面，南沙建立全国首个进出口商品全球溯源体系。所有经南沙口岸的跨境电商产品平均通检时间控制在105秒内。南沙集聚多家跨境电商企业，形成以直购体验新业态为特色的跨境电商产业集聚发展，建立了跨境电商"南沙模式"，并成为全国八个"自贸区最佳实践案例"之一，代表广东自贸试验区的成功经验，走向全国。

　　唯品会、京东、苏宁云商、天猫等知名电商巨头扎堆入驻南沙，看重的正是自贸试验区挂牌以来的"风口"，特别是跨境电商发展的"风口"。这"风口"的诞生与南沙独特的跨境电商监管模式不无关系。源自南沙的跨境电商监管模式，已经入选国家商务部8个"自贸区最佳实践案例"，并被推向全国。跨境电商的"风口"与四大因素紧密相关：一是加强监管扶持。采取"政府引导，企业运作"的模式建设进口消费品交易集散中心。建立健全监管流程，实现网购保税进口、直购进口、直购出口等多种形式跨境电商模式。二是加强平台建设。推动线上购物平台、线下体验平台、物流服务平台、海关和检验检疫监管平台、商品质量溯源平台及物流通道平台的建设，打造跨境电商业务全方位产业链。三是促进产业聚集。加快跨境电商综合服务企业、体验店、平台企业、总部企业聚集南沙，吸引国内知名电商平台落户南沙。四是拓宽物流渠道。打通远洋货运通道、香港机场—南沙陆运通道点对点的"粤港跨境货栈"，打造国际、香港至南沙港区的多式联运物流渠道。

　　正是凭借上述优势，南沙跨境电商实现了跨越式发展。2015年南沙区跨境电商进口货值13.84亿元，与2014年相比增加近45倍。南沙跨境电商的迅速崛起，也引起了国家部委的关注。

【延伸阅读】南沙首家风信子跨境电商直购体验中心

2015年5月1日，南沙首家风信子跨境电商直购体验中心开业，40余家跨境电商企业进驻体验店，展示实体商品，实现"线下展示体验，线上下单网购"的O2O运作新模式，当天就有5万多珠三角市民排队入场，在带来人气和生意的同时，也为南沙商业新业态树立了良好的口碑。在南沙逐步拥有南沙（奥园）跨境商品展示交易中心、南沙华汇广场任性购跨境商品体验中心、四洲国际食品跨境电商直购中心、霍英东集团自邮行体验店等多家跨境电商体验店，并陆续在全国各地开设了10多家分店。其中，仅风信子跨境电商直购体验中心，开业7个月就实现销售额5亿元，线上月销售额超过2 000万元，其营销经验还在福建厦门、江西南昌等地复制推广。

七、建立全国首个市场采购出口商品集中检管区

市场采购出口商品是广东地区的一种重要贸易方式，主要出口到东南亚、非洲等"一带一路"沿线地区的国家。传统贸易出口方式存在出口主体不明确、进入门槛较低、质量不达标等诸多问题，导致市场采购出口商品伪报瞒报、逃避监管情况严重，欺诈行为多发，产品质量安全问题频发，长期以来游走在出口贸易的灰色地带。大量假冒伪劣及不合格商品输出国外，严重损害了"中国制造"的国际声誉。

在此背景下，广东出入境检验检疫局在广州南沙港建立了国内首个市场采购出口商品集中检管区。检管区拥有专用仓库和查验场地，内设报检大厅、查验产地和样品展示区。检验检疫人员驻区办公，实施报检、计费、查验、抽检、出证、放行一条龙服务，全区采用全程视频监控管理。

与此同时，创新实施"线上智检口岸平台"和"线下集中检管场"组合检管模式，通过自动布控和全过程封闭管理，锁定风险目标，实现由粗放向精准查验的转变，查验比例大幅度降低了90%，合格率提升24%，绝大多数货柜可在1分钟内办结所有手续，平均通检时间由原来的2～3天缩短为16分钟。

"线下集中检管场"采取的是双随机抽查模式。由电脑随机选取抽查对象，有效杜绝寻租行为，让假冒伪劣商品无处遁形，从而将出口假冒伪劣商品的企业"挤出"南沙，让更多优质商品通过南沙口岸向全球各地出口。

新模式的实施带来了集聚效应：市场采购出口航运成为南沙港—非洲及东南亚航线的主力军，吸引了大批市场采购商家落户南沙；2015年经南沙港区出口的市场采购商品17.3万批，31.1万标箱，货值205亿美元。其中，南沙辖区出口货值达73.3亿美元，同比增长74.8%，占南沙出口总量的44.1%，对广州市外贸增量的贡献度达37.1%。

内联珠三角制造业中心、外接"一带一路"全球市场，南沙港区的枢纽地位逐渐

凸显。以市场采购商品出口为例，产品出口到全球 177 个国家和地区，直接为南沙港区新增 20 条国际航线。目前，该模式已经推广至广东检验检疫辖区内其他相关业务的口岸。

八、推进政策创新

南沙拥有自由贸易试验区、国家新区双区叠加的优势，又是充满活力的高新技术开发区、保税港区和经济技术开发区，它在政策创新等方面有着明显的优势。

（一）税收优惠政策

（1）被认定为南沙自贸区高新技术的企业和技术先进型服务企业，征收企业所得税时可减 15% 的税率。这样的政策大大鼓励了企业建设的积极性和创新性，势必能极大地促进企业稳步发展和技术创新。

（2）外籍个人以非现金形式或实报实销形式取得的住房补贴、伙食补贴、搬迁费、洗衣费，按合理标准取得的境内外出差补贴，经当地税务机关审核批准为合理取得的探亲费、语言训练费、子女教育费等，免征个人所得税。这样的政策也促进了优秀优质人才的引进和贸易区的繁荣。

（3）为保护自然环境和天然能源，贸易区对符合条件的节能服务公司实施合同能源管理项目，取得的营业税应税收入，暂免征收营业税。

（4）省级人民政府、国务院部委和中国人民解放军军以上单位，以及外国组织、国际组织颁发的科学、技术等方面的奖金，免纳个人所得税。企事业单位、社会团体和个人，通过公益性的社会团体和国家机关向科技型中小企业技术创新基金和经国务院批准设立的其他激励企业自主创新的基金的捐赠，属于公益性捐赠，可按国家有关规定，在缴纳企业所得税和个人所得税时予以扣除。这么做也是为了促进高新人才的工作积极性和科学技术的发展。

（5）金融企业从事受托收款业务，如代收电话费、水电煤气费、信息费、学杂费、寻呼费、社保统筹费、交通违章罚款、税款等，以全部收入减去支付给委托方价款后的余额为营业额。

（6）外汇管理部门委托金融机构发放的外汇贷款利息收入免征营业税。

（7）自 2014 年 1 月 1 日至 2016 年 12 月 31 日，对金融机构农户小额贷款的利息收入，免征营业税；对金融机构农户小额贷款的利息收入，在计算应纳税所得额时，按 90% 计入收入总额；对保险公司为种植业、养殖业提供保险业务取得的保费收入，在计算应纳税所得额时，按 90% 计入收入总额。

（8）政策性银行、商业银行、财务公司、城乡信用社和金融租赁公司等金融企业提取的符合条件的贷款损失准备金准予在当年进行税前扣除。

（9）自 2014 年 11 月 1 日至 2017 年 12 月 31 日，对金融机构与小型、微型企业签订的借款合同免征印花税。

（10）中华人民共和国境内的保险人将其承保的以境内标的物为保险标的的保险业务向境外再保险人办理分保的，以全部保费收入减去分保保费后的余额为营业额。

（11）保险公司开办的符合免税条件的保险产品取得的保费收入免征营业税。

（12）非营利性的中小企业信用担保、再担保机构按照其机构所在地地市级以上（含）人民政府规定的标准取得的担保和再担保业务收入（不包括信用评级、咨询培训等收入），自主管税务机关办理免税手续之日起，三年内免征营业税。

（13）社保基金理事会、社保基金投资管理人运用社保基金买卖证券投资基金、股票、债券的差价收入，暂免征收营业税。

（14）保险营销员（非雇员）取得的佣金收入，月营业额未达到起征点的，免征营业税。

（15）保险营销员的佣金由展业成本和劳务报酬构成。对佣金中的展业成本，不征收个人所得税；对劳务报酬部分，扣除实际缴纳的营业税金及附加后，依照税法有关规定计算征收个人所得税。

（16）证券投资基金（封闭式证券投资基金，开放式证券投资基金）管理人运用基金买卖股票、债券的差价收入，免征营业税和企业所得税。

（17）自 2014 年 11 月 17 日起，对合格境外机构投资者、人民币合格境外机构投资者取得来源于中国境内的股票等权益性投资资产转让所得，暂免征收企业所得税。

（18）个人从证券投资基金分配中取得的收入，暂不征收个人所得税。对个人投资者申购和赎回基金单位取得的差价收入，在对个人买卖股票的差价收入未恢复征收个人所得税以前，暂不征收个人所得税。

（19）个人从事外汇、有价证券、非货物期货和其他金融商品买卖业务取得的收入暂免征收营业税。

此外，南沙自贸区为鼓励和支持技术创新、先进制造业发展、教育培训和创业投资等也实施了许多税收优惠政策，旨在把南沙自贸区建设为全方面快速发展的典范。

（二）金融政策创新

南沙自贸区在帮助企业提高资金使用效率、降低融资成本、规避汇率波动风险等方面也发布了一些金融政策：

（1）利用跨境人民币贷款政策，企业可从境外银行机构直接借入人民币资金，有效降低融资成本。

（2）利用外商投资企业外汇资本金意愿结汇政策，企业可根据汇率波动情况提前预判，自行选择结汇时点及额度，有效规避汇率波动带来的汇兑损失。

（3）利用跨国企业集团本外币资金集中运营管理改革试点政策，企业可进一步提高境内外资金归集、调拨效率，简化资金池管理成本。

（4）支持区内个人从港澳地区借入人民币资金，用于在区内购买不动产等支出；支持与港澳地区开展个人跨境人民币业务创新。

（5）区内的企业如果成功上市，在上市流程的不同阶段，累计总共可获得区府奖励350万元，加上市府奖励300万元，共计650万元。在新三板挂牌的企业，也能向市区政府申领累计最高390万元的奖励，无论企业是在国内上市或国外上市，还是在全国中小企业股份转让系统或区域股权市场挂牌，南沙都有相关的奖励政策。

（三）促进航运物流产业发展政策创新

（1）批准南沙港区为整车进口口岸，实施汽车入仓"出口退税"和"国际中转保税"。

（2）对南沙区汽车进口贸易、航运服务、仓储物流和展览营销设置专项资金进行扶持。

（3）设立保税港航运物流产业发展专项资金用于扶持符合保税港区发展方向的航运物流相关产业。申报专项资金项目的单位须在保税港区依法登记注册，并主要开展以下业务：货物运输（陆路运输、水路运输、快递、城市配送）；货运代理、船务代理、报关、报检；第三方物流、第四方物流；保税仓储、保税加工、保税维修；国际中转、拼箱；国际贸易、离岸贸易；港口装卸；与航运物流相关的技术支持、数据服务、培训教育；交易中心、专业市场。

（四）总部奖励政策创新

经认定的总部企业（含职能型总部），可以通过地方经济社会发展贡献奖励、个人贡献奖励、办公用房补贴等方面享受南沙自贸区规定的相关优惠扶持政策。

（五）人才政策创新

1. 人才奖励支持

对符合重点发展领域人才范围，且年度应纳税工资薪金收入额在30万元以上（含30万元）的；科研类人才年度应纳税工资薪金收入额在20万元以上（含20万元）的，参照其上年度对南沙新区（自贸区）地方发展的贡献给予奖励（按个人缴纳所得税金额 40% 进行奖励），每人每年最高不超过 200 万元。

2. 高端领军人才政策

（1）购房补助政策。

①给予引进的诺贝尔等国际大奖的获得者，国家科学技术奖获得者，发达国家科学院或工程院院士，在世界一流大学、科研机构和世界 500 强企业担任过相当于终身教授、首席技术官等职务的著名专家购房补助 200 万元。

②给予引进的广东省创新创业领军团队购房补助 150 万元。给予引进的领军人才购房补助 80 万元。

③给予引进的广州市创新创业领军团队购房补助 120 万元。给予引进的领军人才购房补助 60 万元。

（2）社会服务政策。

①教育支持：高端领军人才子女申请就读公办义务教育阶段学校、幼儿园的，可选择区内公办学校、幼儿园就读，享受地段生同等待遇。

②医疗支持：给予高端领军人才医疗 VIP 待遇。在区内重点医院开设绿色就诊通道，提供便捷医疗服务。享受年度体检服务，3 年内每年安排一次免费健康检查。标准为 2 000 元／人／年。

③入户支持：对有意落户南沙的高端领军人才及其配偶、子女，开辟绿色通道，每年安排一定数额的广州市入户指标，给予优先办理。

④购房购车支持：高端领军人才，在个人购房购车方面享受广州市市民待遇，以拍卖形式获得广州车牌的，资助拍牌费用补贴 1 万元。

3. 重点发展领域人才政策

（1）享受出入境证件办理、集体户管理、人事档案代理、职称执业资格评定等方面的便利。

（2）对非南沙户籍、满足积分入学条件的，可在子女入学手续办理方面享受便利。

4. 中高级人才引进政策

（1）博士后科研工作站的博士后研究人员，区人才发展专项资金资助每个博士后研究人员 5 万元生活补贴费和 5 万元科研经费。博士后工作站期满出站的博士后，留在南沙企事业单位工作，并签订三年以上服务合同的，区人才发展专项资金资助 10 万元安家费，分三年支付。相关企业也应积极为博士后配套相应的工作和生活经费。

（2）对新设立的博士后流动站、工作站及分站或创新基地，市财政分别资助 50 万元、50 万元、20 万元；对广州市在站的每位博士后研究人员，市财政资助科研项目启动经费15万元和每年8万元的生活补助；对期满出站后一年内到广州市市属单位工作、符合规定条件的博士后，市财政分期提供20万元的安家费。

5. 产业领军人才奖励制度

（1）杰出产业人才奖励。每年对30名为广州市现代服务业、先进制造业、战略性新兴产业发展和传统产业转型升级做出卓越贡献的产业领军人才，按三个等次，分别给予500万元、100万元、50万元一次性薪酬补贴。

（2）奖励产业高端人才和急需紧缺人才。每年对1 000名在企业管理、研发、生产、财务、销售等岗位担任高级职位的产业高端人才，2 000名具有较高能力和技术水平、从事企业核心业务的产业急需紧缺人才，按其上一年度对广州市发展做出的贡献给予一定额度的薪酬补贴，最高每人150万元。

（3）奖励企业博士后国际培养深造。每年资助一批企业博士后研究人员出国（境）深造，资助金额最高每人10万元。

6. 高层次人才优惠待遇

（1）（住房）货币补贴。

①广州市高层次人才享受（住房）货币补贴的建筑面积标准为杰出专家150平方米；优秀专家100平方米；青年后备人才85平方米。

②持A证的杰出专家，持A证且工作关系在市、区（县级市）财政核拨经费或核拨补助的事业单位并在编的优秀专家和青年后备人才，每平方米购房补贴按本人购买商品住宅时市国土房管部门公布的上年度广州市中心六区新建商品住宅交易登记均价的80%计算。

（2）杰出专家、优秀专家在享受公费医疗或基本医疗保险和补充医疗保险待遇后，属于个人负担的基本医疗费用，由高层次人才医疗保障专项资金再按80%的比例报销。

（3）广州市高层次人才配偶参加广州市公务员公开招考或事业单位公开招聘的，非本市户籍人员可按广州市户籍人员条件报考。广州市高层次人才子女报考高中阶段学校时，加10分投档录取。

7. 入户政策

凡是不愿改变户籍或不符合广州市人口准入基本条件的人员，若其相关要素累计分值在50分及以上的，可申领1年、3年或5年期限的广东省居住证（人才引进）。持有广东省居住证（人才引进）的人员，可在子女入学、专业技术职称考评、申报科研奖励等方面享受相应优惠政策。

8. 海外留学人员相关政策

（1）海外留学人员如果来穗工作的可享受安家补贴10万元。

（2）对留学人员短期回穗服务、讲学、技术支持、成果推荐、国际学术交流与合作等活动给予相应的资助，最高 5 万元。

（3）海外留学人员的子女入托及义务教育阶段入学，不收取政府规定以外的任何费用；在考试录取方面，参照归国华侨子女入学的规定给予最优惠条件。

（4）来穗定居的海外留学人员及其配偶、未成年子女、父母，可凭相关证明到公安部门办理入户手续。海外留学人员本人不在穗定居的，其配偶、未成年子女、父母也可按广州市户口管理的规定申请入户广州。

（5）海外留学人员以自己持有的专利技术或专有技术在南沙创办的企业，认定为高新技术企业的，享受高新技术企业的优惠待遇。

9. 人才绿卡制度

凡符合广州市引进人才需求，每年在广州市创业或工作超过 6 个月的，非广州市户籍的境内居民，香港特别行政区、澳门特别行政区居民，台湾地区居民以及外国人，持中国护照、拥有国外永久（长期）居留权且国内无户籍的留学人员和其他人员，在本市有合法住所，符合《广州市人才绿卡制度》第三条规定的，可申领人才绿卡。具体见《广州市人才绿卡制度》（穗府办规〔2016〕5 号）。

人才绿卡持有人，可享受以下待遇：

（1）外籍人员可凭人才绿卡直接办理外国人就业证或外国专家证，同时可持人才绿卡及外国人就业证或外国专家证，凭用人单位公函等直接到市公安局办理 2~5 年长期居留证件。不办理居留证件的，可凭人才绿卡及用人单位公函等换发入境有效期不超过 5 年，停留期限不超过 180 天的零次、一次、二次或者多次 R 字签证。

（2）可参加广州市专业技术职务任职资格评审、广州市现有职称类政策性考试、职业技能培训和国家职业资格鉴定。获得广州市或省颁发的资格证书，可按规定申请技能晋升培训补贴。

（3）随迁子女学前教育阶段，符合年龄要求的，具有报名参加实际居住地所在区教育部门办幼儿园电脑派位的资格；义务教育阶段，由实际居住地所在区教育部门按广州市户籍居民同等待遇安排到公办学校（含政府在民办学校购买的学位）就读；参加高中阶段学校招生考试，在报考范围上享受与广州市户籍考生同等待遇，可报考公办普通高中、民办普通高中和中等职业学校。

（4）可按照国家和广州市有关规定，在广州市申请办理普通护照、往来港澳通行证、往来台湾通行证及各类签注。

（5）可将人才绿卡作为投资身份证明，依法申办工商营业执照。持有人为外国国籍、取得外国永久（长期）居留权或为港澳台地区居民的，投资兴办企业时，可持人才绿卡直接申办工商营业执照，无须再对其有效身份证明进行公证、认证。

（6）可凭人才绿卡在广州市内任一银行开设账户，办理存取款业务；创办企业汇入外汇和取得的人民币利润以及在广州市取得的合法人民币收入，可按规定到指定外汇银行办理购付汇手续。

（7）非广州市户籍的境内居民可享受广州市户籍居民待遇购买自住房，香港特别行政区、澳门特别行政区居民，台湾地区居民以及外国人，持中国护照、拥有国外永久（长期）居留权且国内无户籍的留学人员和其他人员可按国家有关规定购买1套自住房。

（8）可在广州市申领机动车驾驶证，办理机动车注册登记手续。名下没有广州市登记的中小客车，持有效的机动车驾驶证，可享受广州市户籍居民待遇并依照《广州市人民政府办公厅关于印发〈广州市中小客车总量调控管理办法〉的通知》（穗府办〔2013〕28号）申请广州市中小客车增量指标。

（9）对人才绿卡持有人实行居住地属地管理，人才绿卡持有人无须重复办理居住登记手续，职能部门及时跟进服务管理。

（六）自贸区创业者补贴政策创新

（1）在南沙区内注册的创业者，领取工商营业执照并正常经营6个月以上的，一次性补贴5 000元。开业一年内提出申请。

（2）南沙户籍创业者领取营业执照正常开展经营，并按规定参加社会保险的，依照"先缴后补"原则，按照养老、失业、工伤、医疗和生育保险缴费基数下限和缴费比例，给予累计不超过3年的社会保险补贴（个人缴费部分由个人承担）。

（3）在南沙区租用经营场地创办初创企业的可申请租金补贴，每户每年4 000元，累计不超过3年。

（4）创业者招用3人（含3人）以下的按每人2 000元给予补贴；招用3人以上的每增加1人给予3 000元补贴，每户企业补贴总额最高不超过3万元。

（5）南沙户籍个体（合伙经营）工商户，可以申请个人贷款20万元、合伙不超过200万元，最长2年的免息贷款。

（6）在自贸区自毕业学年起3年内自主创业在广州市领取营业执照或其他法定机构注册登记并正常经营的在穗高校毕业生，按广州市现行社会保险缴费基数下限和缴费比例，给予最长不超过3年的养老、失业、工伤、医疗和生育社会保险补贴（个人缴费部分由个人承担）；自毕业学年起3年内在穗高校毕业生自主创业及其招用并签订1年以上劳动合同的在穗应届的高校毕业生，以及毕业2年内广州市生源高校毕业生在广州市自主创办的企业吸纳、招用并签订1年以上劳动合同的毕业2年内的广州市生源高校毕业生，创业者及被招用人员给予每人每月200元的岗位补贴，根据劳动合同期限，补贴期限最长不超过3年。

（七）科技创新奖励政策创新

（1）对获得的国家、省、市级科技计划项目的，按 100%、70% 和 50% 进行额度配套。

（2）支持申报南沙区科技经费项目，单个项目最高支持额度 300 万元。

（3）对获得市级以上重点新产品、产业化中试立项支持的项目、火炬计划和星火计划项目，按项目所获银行贷款给予一年期贴息补助，额度为贷款利息的 50%，补助金额最高 100 万元。

（4）对获得国家级工程研究开发中心及重点实验室、省级认定研发机构及市级认定研发机构，分别一次性给予 300 万元、200 万元及 50 万元的资助。

（5）企业推动专利技术成果转化及市场化，形成实际收入在 500 万元以上的给予最高 30 万元资助奖励。

（6）设立创业孵化、人才引进、成果转化、专利贡献和国际合作 5 个专项奖，分别奖励 30 万元。

（7）当年申请并获广东省科技厅受理的企业，一次性给予补助经费 20 万元，当年通过高企认定的企业，一次性奖励 100 万元。纳入省高企培育库的企业，如未获得高企认定，高企培育资金每年根据企业经营情况给予补助，单个企业补助额度不低于 10 万元且不超过 500 万元。

除以上政策外，南沙可通过国家的国家级新区、自贸区部际联席会议的渠道，争取国家支持解决企业在南沙遇到的国家层面政策的诉求问题。

（八）社会安保政策创新

为了打击盗窃犯罪，降低盗窃案件的发生频率，由工地与水上检查站、企业合作，逐步形成了"海陆空"防控联动机制。比如明珠湾工地，一个水陆都相对开放的地区，盗窃案件时有发生，盗窃团伙偷盗电缆、机油、工地设备等，在给企业造成损失的同时也威胁到工人的安全。"海陆空"巡逻防控的不断强化不仅使工地的盗窃案件数量大幅度下降，也极大地保护了企业的财产安全和工人的人身安全。这样的防控联动机制为其他自贸区提供了一个很好的范本。

第三章 南沙自贸区与国家自主创新
示范区联动发展机制①

（陈林：暨南大学产业经济研究院）

一、自由贸易试验区与自主创新示范区建立的意义

（一）我国面临的时代背景

在过去的 30 多年里，我国利用廉价的劳动力及资源比较优势，通过全方位、多层次的对外开放政策取得了举世瞩目的成绩。然而，随着经济的发展，我国面临的潜在问题逐渐暴露。首先，以劳动力和资源驱动为主的粗放型发展模式难以为继。我国的劳动力成本逐年递增，欧美等地的发达国家纷纷将企业外迁，形成新一轮的全球产业分工转移，这使得国内的劳动力比较优势逐渐消失。而国内的自然资源也因过去掠夺性的开采、低效率的使用而日益紧缺。据统计，我国的人均石油可开采量、人均天然气可开采量均不到世界平均水平的 1/10，而淡水、森林、铁矿等重要资源也大大低于世界水平，依靠资源来驱动经济发展必将不可持续。因此，必须要转变经济增长方式，实现经济转型。从 1995 年实行"科教兴国"战略开始，我国就将创新发展提上国家战略的高度。无论是后来的十六届五中全会明确提出将自主创新作为调整经济结构、转变经济增长方式的支撑点，并将提高自主创新能力作为实施科教兴国战略和人才强国战略的核心，还是党的十八大提出创新驱动战略，都说明自主创新在我国的国家发展战略中变得越来越重要。而在战略落实层面，自主创新表现得更为突出，从 2009 年3 月设立第一个国家自主创新示范区起，我国已陆续在东中西部设立了 17 个自主创新示范区。

其次，近几年全球经济一度处于低迷的状态，贸易保护主义频频抬头。以美国为首的发达国家试图通过 TPP、TTIP 等一系列高标准、全方位的协议来重构世界经济规则。我国作为一个对外开放的发展中国家，既要积极地融入经济全球化的浪潮中，又要审慎地注意到我国国情并不允许我国满足所有高标准的协议规定。所以，必须找到

---

① 2016 年度广州市哲学社会科学规划课题一般项目"构建南沙自贸试验片区与国家自主创新示范'双自联动'机制研究"（2016GZYB07）。

一条既能对接国际规则，又能满足国情的发展道路。此外，随着国内改革步伐的不断推进，当前改革已进入深水区，诸多深层次的发展问题逐渐显现出来，如粗放型增长、产业低端化、人口红利消退、城乡二元化等。这进一步要求我国探索新的增长方式来打造中国经济升级版。在国内外的压力下，自贸试验区应运而生，它既是我国对接国际经济规则的战略，又是我国进行深化改革的措施。尽管自贸试验区成立不久，却为我国融入新一轮经济、贸易全球化打下了基础。

（二）广州面临的挑战和机遇

作为我国第一批开放城市，改革开放 30 多年来，广州在经济增长、工业化和城市化等方面都取得了辉煌的成就。然而，随着经济社会的快速发展和城市化进程的不断推进，由产业集聚效应带来的资源紧缺问题越来越突出，生产要素比较优势逐渐消失，靠廉价要素投入和投资驱动的传统增长模式已不可持续，转变经济发展方式更加迫切。新形势下，广州要想实现经济发展转型，提升经济发展的质量和水平，必须深化改革开放，实施创新驱动发展战略，选择依靠技术进步和效率提高驱动的现代增长模式。

2015 年 3 月 24 日，中共中央政治局审议通过了包括南沙自贸区在内的广东自由贸易试验区改革开放方案。2015 年 11 月 3 日，广州、珠海、佛山、惠州仲恺、东莞松山湖、中山火炬、江门、肇庆 8 个国家高新区获批建设国家自主创新示范区，统称"珠三角国家自主创新示范区"。这两项政策给广州经济社会发展带来了福音。南沙自贸区面积 60 平方公里，广州国家自主创新示范片区面积 37.34 平方公里，两大国家战略"先行区"有 2.5 平方公里的叠加区域，即南沙资讯科技园，这不仅有利于两大国家战略在物理空间上的联动，更重要的是将为形成投资贸易便利与科技创新功能的叠加和有机融合创造政策基石，自由贸易与自主创新的"双自联动"趋势十分明显。具体而言，通过制度创新与科技创新等自主创新的内部联动，以及高标准投资贸易规则体系与创新转型的联动，来不断提升投资贸易便利化和科技创新便利化程度，真正形成改革开放的合力和创新转型的红利。未来的广州将依托自贸区和国家自主创新示范区这两大国家战略深化改革开放和加速创新驱动发展的步伐，通过"双自联动"的自贸区建设，使广州成为引领中国经济发展转型的排头兵。

二、南沙自贸区的发展

（一）自由贸易的内涵界定

自由贸易这一经济活动很早就引起经济学家的关注。15 世纪，部分重商主义者就对出口贸易与国家经济、社会财富的关系进行过论述。1776年，亚当·斯密在其著作《国民财富的性质和原因的研究》中详细探讨了国际贸易与经济增长的相互关系。他提出的"绝对优势"和"地域分工"理论表明各国应当集中资源专业化生产成本上具有绝对优势的商品以获得对外贸易的好处。1871年，大卫·李嘉图在亚当·斯密的理论基础上提出了"比较优势"理论，他认为各国应当从现有的要素禀赋结构出发，通过出口相对成本较低的产品，进口相对成本较高的产品来实现贸易互惠。20世纪60年代后期，国际贸易实践的新特点导致传统贸易理论失效，新贸易理论的代表克鲁格曼巧妙地将D-S模型融入国际贸易中，较好地诠释了即使在缺少生产技术和资源禀赋差异的条件下，规模经济也能够引导国家之间进行专业分工和开展国际贸易这一现象。20世纪90年代，经济全球化的迅猛发展使得国际贸易与分工发生了深刻的变化，以Melitz和Antras为研究代表的新新贸易理论逐渐成为研究自由贸易的主流。该理论突破了新贸易理论中企业同质性的假设，强调企业异质性对国际贸易的重要性，认为贸易自由化会通过行业内资源再配置的途径提高总体生产率水平。

随着国际经济全球化与自由化进程的加快，生产要素及产品在全球范围内加速流动。各国为拓展对外贸易量、促进经济增长，在全球范围内构建产业价值链并推动国际分工。自贸试验区作为促进本国经济（地区经济）及国际贸易发展的特殊区域，逐渐成为各国重点建设的对象。需要指出的是，自由贸易区有两个内涵差异很大的概念。通常所讲的自由贸易区（Free Trade Area，FTA），比如北美自由贸易区（NAFTA）、东盟自由贸易区（AFTA），是指两个或两个以上主权国家或单独关税区共同签署自由贸易协定而形成的贸易和投资自由化区域。本章所讲的自贸试验区则是根据《京都公约》所界定的：自贸试验区（Free Trade Zone，FTZ）是指缔约方境内的一部分，进入这一部分的任何货物，就进口关税费而言，通常视为在关境之外，并免予实施通常的海关监管措施。由此可知，FTA是由两个或两个以上主权国家（地区）通过协议的方式所建立的一个跨境区域，它是各国（地区）利益博弈下的产物，而FTZ则是一国为寻求发展而在国境内主动开放的区域。虽然两者的成立背景、运作模式大不相同，但在完备一国贸易格局、促进经济发展方面有着相同的使命。

（二）自贸试验区的变迁及特点

自贸试验区是世界范围内推进贸易自由化和投资便利化的有效工具，也是世界各国参与国际竞争和分享经济全球化利益的重要平台。在古希腊时代，腓尼基人将泰尔和迦太基两个港口划为特区以保障外来商船安全航行，免受干扰。这种特区港口是现代自由港区的雏形。直到1228年，法国南部马赛港建立了真正意义上的自贸试验区。发展至今，自贸试验区无论是在发达国家还是在发展中国家，都越来越受重视，其在全球范围内的数量也不断增加。尽管世界范围内的自贸试验区种类不一，名称繁多，而且各自的功能定位、监管模式以及优惠政策等方面各有差异，但它们角色相近，功能趋同，总结起来有以下特征：

1. 政府推动

作为促进本国贸易发展，拉动经济增长的有效工具，世界上的自贸试验区大多是由政府牵头构建，并设立专门机构进行管理。例如，美国设立了美国国家对外贸易区协会，负责自贸试验区的审批设立和监管工作。在自贸试验区建立之前，政府要做完备的规划和计划工作。比如，由于自贸试验区的建设和管理涉及大量的对外关系，这就要求政府制定完善的法律体系使贸易区工作规范化和标准化，以保障区内的稳定。

2. 境内关外

自贸试验区最典型的特征是采用"境内关外"这种海关监管制度。所谓"境内关外"是指自贸试验区建立在一个国家的国境之内，可是海关将该区域内的货物视为在关境之外，即对进出国境的货物不征收关税。在具体监管实践上，国际上成功的自贸试验区体现出"一线开放，二线管住，区内不干预"的监管特征。其中，"一线"是指自贸试验区与国境外的通道口；"二线"是指自贸试验区与海关境内的通道口，该区域普遍被视同进出口线，实行与其他关境进出口相同的海关法律、法规、政策。

3. 高度自由

自贸试验区是一主权国（地区）划出的特定开放区域，该区域的海关监管、金融市场等高度开放，区内各项制度也相对宽松，园区内的企业和个人享有高度自由。区内的自由主要包括三个方面：一是货物流动自由，不存在关税壁垒和非关税壁垒，合乎国际惯例的货物可畅通无阻地进入该区域，可以任意方式处置、免于海关惯常监管；二是贸易投资自由，包括投资自由、经营自由等，对进出口贸易没有限制；三是金融自由，结算币种可自由选择、资金可自由进出等。

4. 优惠高效

世界各国或地区在自贸试验区所推行的经济政策虽然因为自身的发展水平、政治制度不同而存在差异，但一定会比国内或地区内其他经济区域优惠。此外，为了保证自贸试验区高效运行，政府还会建立高效的管理机构，制定合理的制度来提高办事效率。

（三）南沙自贸区的发展概述

1. 南沙自贸区的战略定位

经过 30 多年的改革开放，虽然我国经济上取得了显著成就，但上一轮改革留下的体制机制等深层次问题并未解决，继续深化改革的任务非常艰巨。同时，以美国为首的发达国家试图通过 TPP、TTIP 等具有高标准和全面投资贸易规则的协议使中国边缘化，遏制中国发展。因此，不管是内部需要还是外部压力，中国只有通过持续开放才能推动经济走上一个新台阶。

作为我国提高开放水平的试验田，自贸试验区应以制度创新为起点，围绕政府管理、贸易与投资规则等方面进行一系列变革。在同国际经济规则接轨的过程中，自贸试验区还要承担国内改革的重任，起到以开放倒逼改革的作用。

依托国家自由贸易区战略，南沙将在新一轮改革开放中先行先试，全面推动体制机制创新，率先建成与港澳衔接，符合国际化和法治化要求的规则体系与营商环境，推动粤港澳融合发展；进一步探索经济发展方式转变的新路径，引领泛珠三角转型升级，联合港澳打造我国参与国际经济竞争与合作的新平台和 21 世纪海上丝绸之路的重要枢纽，为国家构建开放型经济新格局发挥重要作用。

2. 南沙自贸区的建设经验

自 2015 年 4 月 21 日挂牌成立以来，南沙自贸区充分发挥政策上的先发优势，积极探索、创新发展，建立与国际投资贸易规则相衔接的体制机制，深化改革开放，争当广州市经济发展转型的排头兵。据统计，2016 年前三个季度，南沙全区实现 GDP 886.91 亿元，同比增长 14.1%，增速连续 11 个季度排名广州市各区第一；规模以上工业产值 2 230.79 亿元，同比增长 10.3%；一般公共预算收入同比增长 9.1%，固定资产投资同比增长 50.2%。GDP、固定资产投资、一般公共预算收入等 10 项指标增速排名全市前三。在复制和推广上海自贸试验区成功经验的基础上，南沙自贸区在制度创新、政府职能转变、营造国际化营商环境等方面积极探索，积累了丰富的实践经验，具体可归纳为以下几点：

（1）投资管理制度创新。

① "负面清单 + 准入前国民待遇" 外商管理模式。所谓负面清单是指在国际合约中仅针对清单内列举的产业、行业领域保留采取或实施不符合国民待遇措施的权利。即若没有做出例外安排，缔约方将承担全面的国民待遇义务。而国民待遇是指如果一个国家将特定的权利、利益或特权授予自己的公民，它必须将这些优惠给予在该国的他国公民。我国对外资的态度一直是鼓励与限制并存，早期制定的《中华人民共和国外商投资产业指导目录》对于保证我国政府的施政空间以及促进国内产业发展起到一定的作用。但随着国际投资规则体系重构以及国内社会主义市场经济体制逐渐成熟，我国势必要与国际上普遍采用的负面清单管理与投资前国民待遇规则相衔接。南沙自 2015 年 5 月开始实施外商投资 "负面清单 + 准入前国民待遇" 管理模式。据统计，南沙区开展广州市第五轮行政审批制度改革工作时，对行政审批事项进行清理，共取消

行政审批 67 项、备案 43 项，决定转移和调整行政审批 15 项、备案 7 项，行政审批事项删减达 37.6%。

②外商投资项目及境外投资项目由审批制改为备案管理。对负面清单之外的大部分外商投资项目由原来的审批制改为备案管理，区内企业到境外投资也实行以备案制为主的管理方式。办理外资设立的投资者可以网上在线申请备案，3 个工作日内即可完成备案。以往国内存在很多审批制度，不仅会降低企业的办事效率，还会存在政府机关腐败的可能性。备案管理不仅能提高企业的办事效率，还可以增加外资引入的透明度。

③"一口受理、综合审批"服务模式。市场经济条件下，政府职能定位的基本原则是明确政府职能的公共性、有限性和服务性，以建立公共服务型政府为政府职能定位的终极目标。政府在管理社会经济活动时应当思考如何为企业和市场提供有效的公共服务。在"一口受理、综合审批"服务模式下，政府将过去分散的办公部门集中到一个部门，所有办理事项在内部进行流转，并统一由相关负责人送达文书。目前，自贸试验区的工商、税务、质监、商务和管委会等部门对外商投资项目核准（备案）以及企业设立（变更）等事项已经建立"一表申报、一口受理"工作机制，由工商部门统一接收申请人提交的材料，统一向申请人送达相关文书。

（2）贸易监管制度创新。

①在海关监管方面，采用国际上通用的"一线放开，二线管住，区内不干预"的监管标准。所谓"一线放开"是指由于"境内关外"的特殊性，海关监管的重点退至自贸试验区与国内非自贸试验区的通道口。在国境线上，境外的货物可以自由进入自贸试验区，同样自贸试验区的货物也可以自由出境。在"一线放开"方面允许企业凭进口舱单将货物直接入区，再凭进境货物备案清单向主管海关办理申报手续，探索简化进出境备案清单；实行"进境检疫、适当放宽进出口检验"模式；推进"方便进出，严密防范质量安全风险"的检验检疫监管模式。所谓"二线管住"是指在自贸试验区与国内非自贸试验区的边界线上，海关必须根据《中华人民共和国海关法》对进出货物进行严格的监管，避免外来商品对国内市场造成冲击，同时保证国内关税，打击走私犯罪。所谓"区内不干预"是指自贸试验区内的货物可以进行多种形式的储存、展览加工等行为，也可进行自由流动和买卖，这些活动无须经过海关批准，只需备案。

在园区内的货物管理上，园区在确保有效监管的前提下，陆续推出了货物状态分类监管、"经认证的经营者互认（AEO）制度""一次申报、一次查验、一次放行"等多项监管新措施。上述措施不仅可以简化货物通关手续、加快区内人员及货物的流动速度，还能降低货物运行成本，提高海关人员的工作效率，有利于推动贸易自由化。

②逐步完善国际贸易"单一窗口"。借鉴国际先进做法，改变以往各部门信息无

法共享的现实，建立起跨部门的综合管理平台。2015年3月，南沙正式启动广州国际贸易"单一窗口"建设，6月实现1.0版，截至2016年4月已完成2.0版的建设，并在全省推广。该平台目前涉及支付结算、企业资质、贸易许可等12大功能模块，已有包括海关、检验检疫、海事等21个部门参与其中。借助信息平台，实现企业一次提交相关数据即可满足海关、检验检疫、海事等相关监管部门对国际贸易与物流运输的监管要求；监管部门通过单一窗口反馈处理结果，依托"单一窗口"实现"信息互换、监管互认、执法互助"。

（3）金融监管制度创新。

2015年设立南沙自贸区以来，广州南沙金融改革创新取得积极进展，各类总部机构加快集聚，重要功能性平台加速进驻，新兴金融业态发展迅猛，金融创新业务硕果累累，跨境金融服务功能不断提升，形成了一批可复制、可推广的经验。

①推进跨境人民币贷款业务试点。与上海自贸区、深圳前海等地相比，南沙自贸区跨境人民币贷款业务试点的受益面更广，借款企业包括区内企业以及参与区内重点项目建设的广东省内企业。截至2015年年底，广州南沙办理跨境人民币贷款备案24笔，累计备案金额56.9亿元，累计发放贷款24.2亿元。贷款资金主要投向新区的港口、电力、交通等城市基础设施建设，以及融资租赁、装备制造和休闲旅游等支柱产业项目，有力地支持了南沙自贸区的开发建设。

②开展跨境人民币资金集中运营管理业务。利用广交会、中国（广州）国际金融交易·博览会、业务宣讲会等平台开展政策宣传，鼓励和引导银行机构为广州南沙区内企业办理跨境人民币资金集中运营管理业务，支持企业提高统筹配置境内外资金的能力。截至2015年年底，南沙已有5家跨国企业集团办理双向人民币资金池备案，累计结算金额32亿元。

③开展外汇管理改革试点。在外汇管理部门的支持下，南沙自贸区在简化经常项目外汇收支手续、实施外债资金意愿结汇、允许融资租赁企业收取外币租金、支持银行发展人民币与外汇衍生产品等方面积极探索、先行先试。根据人民银行的统一部署，自2016年1月25日起，南沙自贸区开展全口径跨境融资宏观审慎管理试点，区内企业可在跨境融资上限内自主开展本外币跨境融资。

④推进支付工具便民使用。大力推进金融IC卡在南沙自贸区内公共交通领域的应用，并逐步拓展至其他公共服务领域。目前，南沙自贸区快线、南沙13路、南沙20路、南沙31路等公交线路已实现受理金融IC卡；"闪付买菜"应用项目在南沙肉菜市场推出，解决了钞票找零和鉴别真伪难题，为市民营造了便捷的消费环境。

（4）事中事后监管制度创新。

我国政府在经济管理活动中一直存在"重审批、轻监管"的现象。前者往往会推高市场进入壁垒，而后者又会导致监管不到位。通过将政府职能由事前审批和主体监管转向事中和事后监管，不仅能发挥市场的主导作用，又能通过政府为企业营造良好的营商环境，进一步增强自贸试验区的发展活力和影响力。在推动事中事后监管制度的建设工作中，南沙自贸区进行了大量探索。

首先，在行政审批方面，下放和取消了一批行政审批事项，简化了特定事项的审批流程，优化了审批内容；其次，在推动企业管理由核准制改为备案制方面，南沙创新商事登记制度，实施了注册资本认缴制等改革，同时借鉴国际通行证照样式，把企业营业执照样式由多种统一成一种；最后，为强化对已进入企业的监督和后续管理，南沙相继建立了安全审查制度、反垄断审查制度、企业年报公示和经营异常名录制度、社会力量参与市场监督制度，健全信息共享和综合执法制度，健全、完善社会信用体系。

3. 南沙自贸区建设的不足

（1）负面清单没有实质性的突破。

自贸试验区设立负面清单制度是为了与国际高标准投资规则接轨，更好地融入新的世界贸易规则体系，提升我国在对外贸易中的话语权。虽然实施负面清单的意义重大，但是在负面清单的制定过程中，还是过于保守，脱离了负面清单的本来意义。首先，现行的负面清单实际上是从《中华人民共和国外商投资产业指导目录》演变而来，负面清单里面的限制产业和管制措施皆以该指导目录为依据。虽然负面清单中的特别管理措施已大为削减，但仍过于冗长。其次，就涵盖的范围而言，负面清单中的投资只针对直接投资，仅包括准入前阶段，而国际通行负面清单中投资定义和范围包括直接投资和间接投资，同时涵盖准入前和准入后阶段。再次，就清单开列方式而言，南沙自贸区负面清单的构架相对比较简单，对特别管理措施的描述还不充分，也没有单独制定金融等敏感部门规范，国际通行负面清单通常包括部门、相关义务、政府级别、措施和描述五项基本要素，并且用三个附件分别列出现有的不符措施、未来的不符措施以及金融和电信部门的不符措施。就不符措施的内容而言，南沙自贸区负面清单的不符措施只针对国民待遇，而国际通行负面清单的不符措施考虑了国民待遇、最惠国待遇、当地存在、业绩要求、高管和董事会等多方面。最后，就行业分类而言，南沙自贸区负面清单采用中国国民经济行业分类，而国际上通常采用WTO《服务部门分类清单》或《联合国临时中心产品分类目录》的分类方法。

（2）产业开放步伐未迈开。

同国际上比较宽松的行业准入规制相比，南沙自贸区针对外资的限制性项目过多，尤其是在第一、三产业上。不但制定了外商禁止进入的行业，而且设置了限制性进入项目，如电信、广播电视投资、电影制作发行等行业，自贸试验区均要求外资以等于或小于50%的股权比例运营。在某些准许开放行业中，还存在试点开放度不足和行业许可准入措辞表述不清等问题。需要指出的是，扩大产业开放也不能毫无原则，南沙应当根据地区的产业结构和发展定位合理制定出既符合实际又适应国际规则的政策。

（3）金融创新进程缓慢。

①当前，我国金融改革已进入深水区，利率市场化、人民币国际化、资本项目可兑换等金融重点领域和关键环节的改革加快推进。在此背景下，南沙自贸区金融改革创新必须突破升级，主动对接国家整体战略，更好地履行改革试验、先行先试的重大使命，为在全国范围内深化金融改革开放探索新路径、积累新经验。

②南沙自贸区七大区块错位发展，对金融开放和创新提出差异化的需求。南沙自贸区面积60平方公里，分为七大区块。各个区块功能定位不相同，对金融开放创新的要求也存在差异。例如，在南沙湾区块国际科技创新合作区，需要金融创新与科技创新有机结合，形成科技金融创新的示范效应。在庆盛枢纽区块现代服务业国际合作区，需要改进产业转型升级的金融服务，促进生产服务业和战略新兴产业发展。在万顷沙保税港区块，则需要离岸贸易与离岸金融互动发展。

③南沙金融创新"15条"（《中国人民银行、发展改革委、财政部、商务部、港澳办、台办、银监会、证监会、保监会、外汇局关于支持广州南沙新区深化粤港澳台金融合作和探索金融改革创新的意见》）、广东自贸区"金改30条"等都属于框架性的改革方案，原则性的规定较多。这些金融改革措施的落地离不开与之相配套的细则。广州市、南沙区政府应积极配合国家金融管理部门驻粤机构制定相关实施细则和操作方案，争取南沙自贸区金融改革创新措施早落地、早实施、早见效。

（4）法制建设相对滞后。

首先，自贸试验区法律法规位阶较低。不同于国外自贸试验区的立法由国家层面的机构制定，我国自贸试验区建设依据的大多是政策性文件、地方规章和法规，法律效力较低。其次，立法存在缺位。我国自贸试验区实行负面清单及准入前国民待遇制度，在负面清单之外，各类市场主体可依法平等进入清单外领域，因此需要制定统一各类主体条件的法律。另外，随着自贸试验区的运行，区内会出现新的管理模式、新的问题，那么相应的监管立法也需要跟进。再次，法律法规适用性问题。自贸试验区内和区外运行不同的法律体制，需要立法机构制定区内与区外法律内容不一、跨区诉讼等问题的解决办法。最后，内容本身需要完善。部分条款多是原则性、概括性的内容，缺乏具体表述。

（5）税制改革有待加强。

自贸试验区主要围绕体制机制创新而展开探索，因而没有加快符合国际管理的税制改革。然而从世界主要国家自贸试验区的实践来看，贸易、资本、人员的自由流动和税收优惠是自贸试验区发展的主要内容。同国际上高标准的自由贸易园相比，我国自贸区存在税收比例或税收额较高、税制设计不合理等问题。比如，新加坡的企业所得税税率为17%，上海自贸试验区为25%；新加坡对进口产品征收7%的增值税，而上海自贸试验区为17%。其次，现行税制设计不适应跨境投资发展要求。现行税法关于"受控外国公司"的相关规定，在很大程度上抑制了外资企业跨境投资的热情。

三、珠三角（广州）国家自主创新示范区的发展

（一）自主创新的内涵界定

"自主创新"这一概念最早出现在《从技术引进到自主创新的学习模式》一文，作者分别论述了技术吸收、技术引进和技术创新三个阶段的学习模式及其管理途径，他认为研究开发中的学习是自主创新过程中的主导学习模式，只有通过研究与开发才能掌握技术的本质。一般认为，自主创新就是通常所说的技术创新，它是相对于技术引进而言的，指依靠自身力量独自研究开发、进行技术创新的活动。主要包括三个方面的含义：一是加强原始创新，努力获得更多的科学发现和技术发明；二是加强集成创新，使各种相关技术有机融合，形成具有市场竞争力的产品和产业；三是在引进国外先进技术的基础上，积极促进消化吸收和再创新。《国家中长期科学和技术发展规划纲要（2006—2020年）》将自主创新定义为从增强国家创新能力出发，加强原始创新、集成创新和引进消化吸收再创新。与自主创新相对的概念是模仿创新，前者注重于通过企业自身的力量突破技术瓶颈，实现技术创新，而后者是在已有成果的基础上，依靠学习与改进实现创新。需要说明的是，模仿并非抄袭，模仿创新也可以包含自主创新的内容，同时模仿创新的成果也可以获得知识产权。

考虑到自主创新的层次性及中国特色，笔者认为自主创新是在全球化背景下中国大力推进创新驱动发展战略所衍生出来的一个概念，它主要是相对于技术引进与技术模仿而言的一种创造性活动，也就是创新主体通过原始创新、集成创新和引进消化吸收创新等多种方式对核心技术与关键技术进行攻关并将其转化为生产力，以提高自己的竞争优势。

（二）我国自主创新示范区的发展溯源

1. 技术引进与自主创新

自主创新这一概念尽管最近几年才开始在国内热销，但其前身可追溯至已坚持数

十年的技术引进战略。国内的科技发展经历了一个从技术引进到自主创新的过程。早期，由于国内薄弱的产业基础与落后的技术水平，我国在"以市场换技术"的政策导向下通过设备进口、FDI、合作生产等低风险、低投入的方式来提高技术水平，缩小同发达国家的差距。随着经济与科技的发展，我国逐渐意识到经济增长、科技进步一味依靠技术引进与资源优势来推动必将不可持续。同时出于国家发展战略的考量，牢牢把握国际产业分工高端的发达国家对技术输出的态度也越来越谨慎，这也加大中国的技术引进难度。因此，在结合国际竞争形势与国内工业化进程的基础上，我国政府先后实行了科教兴国、创新驱动等发展战略。目前，自主创新这一概念深入人心，不管是理论界还是实务界，都认同它对科技进步与经济发展的作用。需要说明的是技术引进与自主创新并非完全对立，选择技术引进也可以是一种理性行为。在国家的发展过程中还可以采取技术引进与自主创新协同发展的策略。同时我国要认识到高新技术与核心技术是很难引进的，只有立足于自主创新，只有大力提高原始创新能力、关键技术创新能力和系统集成能力，拥有大批专有技术和知识产权，才能把握经济结构调整与经济增长方式转变的主动权。

2. 自主创新示范区与高科技园区

世界高科技园区的发展源头可追溯至美国硅谷。20世纪50年代，斯坦福大学出租0.2平方公里的土地用于建立斯坦福研究院，而后该地成为闻名世界的"硅谷"。早期的科技园并未引起美国和其他国家的重视，在经历了自发形成到如今各国有意推动，高科技园区的建设活动已在世界范围内蓬勃开展。

自主创新示范区是中国特有的一个概念，它是指经国务院批准，在推进自主创新和高新技术产业发展方面先行先试、探索经验、做出示范的区域。我国早期所建立的自主创新示范区是从高新科技园区演变而来，如中关村国家自主创新示范区、上海张江国家自主创新示范区。随着国家政策的推进，我国又相继建立了以城市（群）为基本单位的国家自主创新示范区，如珠三角国家自主创新示范区。从各国的发展经验来看，高科技园区的建立对当地的经济发展与科技进步有不可替代的作用。硅谷的演变推动着世界高科技的进程，对美国新经济的兴起和发展有着不可磨灭的贡献；台湾新竹科技园的成功则使得台湾地区成功应对20世纪70年代的石油危机，并且实现了本土经济由劳动密集型向知识密集型转型。

（三）珠三角（广州）国家自主创新示范区的发展概述

1. 珠三角（广州）国家自主创新示范区的战略定位

我国经济发展已经进入新常态，必须要转变以往依靠资源消耗和廉价劳动力的粗放型发展方式。自主创新示范区作为创新要素最密集、技术最密集、政策最优惠的区域，不仅承担着国家体制机制创新、科技创新、产业发展的示范、引领作用，还肩负着加快实施创新驱动发展战略、探索国家自主创新道路的使命。作为区域自主创新的载体，自主创新示范区契合了当前我国经济转型升级的需求，需要在我国现阶段优化经济结构、产业调整升级等方面先行先试、探索经验，引导经济的发展方向。

珠三角国家自主创新示范区作为广东省实施创新驱动发展战略的核心区，着力打造国际一流的创新创业中心，是全省创新发展的强大引擎，为全省创新发展提供强大动力，辐射带动着全省创新发展。在未来发展中，珠三角国家自主创新示范区是我国开放创新先行区、转型升级引领区、协同创新示范区和创新创业生态区建设的"主战场"，将通过进一步发挥孵化器在推动优化产业结构、转变经济发展方式、培育战略性新兴产业中的核心载体作用，打造全省孵化器发展标杆区和国际性的创新创业中心，助力广州建设国际科技创新枢纽、广东建设创新驱动发展先行省，努力成长为一流的国家自主创新示范区。

2. 珠三角（广州）国家自主创新示范区的建设经验

自 2015 年 9 月 29 日建立以来，珠三角国家自主创新示范区形成以深圳、广州为龙头，珠三角其他 7 个地市为支撑，功能错位、协同发展的"1＋1＋7"区域创新一体化建设格局。作为珠三角国家自主创新示范区建设的龙头，广州自创区建设成效显著。据统计，2016 年广州新增新三板挂牌企业 203 家，新增挂牌企业净资产均值、增长率均居全国主要城市首位；净增高新技术企业 2 820 家，每天平均诞生 7 家高新技术企业；广州地区企业发明创造迅猛发展，共有 3 500 多家企业申请发明专利，与 2015 年相比增长了 68.2%，专利申请量增速及发明专利申请量增速在全国副省级以上城市中排名第一。在建设过程中，广州自创区积累了一系列有益实践的经验，具体归纳如下：

（1）放宽科技成果处置权和收益权。

给予科技创新主体更宽的科技成果处置权与收益权，提升其自主支配程度，协助其准确把握科技转化链上的节点，实现成果转化的最大值。这一有益实践令科技创新主体进行技术交易的积极性大大提高。以广州高新区为例，该地就科技成果处置权和收益权做出明确规定：不涉及国家安全、国家利益和重大社会公共利益的科技成果的使用权、处置权和收益分配权，赋予高校、科研院所；高校、科研院所可自主决定其科技成果的使用、处置和收益分配，主管部门和财政部门对此不再审批和备案。科技成果转化资产处置收入中，成果完成人（团队）的收入分配比例可不低于 70%。这一规定使得政府出资的科研成果流转至发明人或科研机构，激发科研人员的研究活力，增加科研成果转化价值。

（2）优化财税激励体系。

广州自创区通过修订完善《科技发展资金管理办法》，逐步构建以企业为主体、以科技成果转化和产业化为目标的创新体系，着力提高财政科技投入效益，节省项目管理成本，实施科技项目经费后补助制度，稳固保障科技创新投入及持续性，全面强化科技创新资金支持。以广州高新区为例，一方面，充分发挥财政资金的引导作用和杠杆效应，加快实行企业研发经费后补助政策，鼓励企业自主加大研发投入。每年根据企业上报统计局的研发费用或国税局研发费用加计扣除的费用给予 1% ~ 5% 的补助（不限最高额度）。2015 年，全区企业共获研发费用补助 2.95 亿元，带动企业研发投入 79.4 亿元。另一方面，着力推进科技项目配套后补助制度。对承担国家、省、市科技项目的企业，采取事前立项、事后补助的方式，验收后分别一次性给予 100%、70%、50% 的资金配套，最高分别不超过 500 万元、300 万元、100 万元。经费由企业统筹使用，减少了项目日常管理环节，减轻企业负担和管理成本。为鼓励开展国际科技合作项目，对于经管委会批准的国际科技合作项目，按事前立项、事后补助的方式给予 200 万元的研发资助。

（3）力推金融创新，助力中小企业发展。

完善的金融体系是开展创新活动的重要保障。构建多层次的融资体系可以满足不同企业的资金需求，优化行业结构。考虑到中小企业融资难、风投体系不健全等问题，广州自创区相继出台了一系列应对政策，积极开展科技银行业务，鼓励商业银行在区内设立科技支行，为科技企业在创新产品生产的各环节提供金融服务；建立区域性信用体系，设立投资补贴和风险补偿专项基金，鼓励担保和创投；通过奖励、股权激励等多种方式对风险投资机构和投资人才进行支持，对试点银行给予风险补偿，引导各类社会资本进入创新投资领域。此外，非上市股权交易平台（OTC）相继在各区域推广运作，广州自创区积极鼓励企业进入 OTC 中心挂牌交易，为科技型企业早期融资创造条件。

（4）加速人才聚集。

科技的竞争就是人才的竞争。为支持人才特区建设，广州自创区实行了多项特殊政策，比如人才特区内高校教师、科研院所研究人员可以创办企业或者到企业兼职，开展科研项目转化的研究攻关而保持原职称不变。企业专业技术人员也可以到高校兼职，从事专业教学或开展科研课题研究。为集聚更多高端创新人才，建设国际化人才特区，其中，广州高新区出台了以《广州开发区创新创业人才"558"发展纲要》为统领的"1 +9"创新人才政策体系。政策针对区域企业发展差异化需求，分别提出了针对领军人才、骨干人才、管理人才等多类型创新人才的引进、培养、评价、激励、服务机制，并在人才流动、国际合作、职称评审、股权激励、成果转化等方面实现政策突破，为广州高新区创新发展提供强大的人才保障。据统计，2016 年广州颁发了"人才绿卡" 1 200 张，目前在穗工作的诺贝尔奖获得者 6 人、两院院士 77 人、"千人计划"专家 217 人。

（5）统筹规划，协调发展。

珠三角国家自主创新示范区在建设过程中，始终把握以深圳、广州为龙头，珠三角其他 7 个地市为支撑的"1 + 1 + 7"总体建设格局。作为国家自主创新示范区建设的主战场，广州自创区充分发挥科技教育人才资源丰富的优势，致力于建成具有国际影响力的国家创新中心城市和国际科技创新枢纽。为加快建设步伐，广州市政府公布《广州国家自主创新示范区建设实施方案（2016—2020 年）》，广州十一区目标明确，分工合理。越秀区积极建设黄花岗信息技术创新集群，荔湾区着力构建"一带一区"创新发展板块，海珠区优先培育八大新兴产业，天河区重点建设羊城创意产业园等，白云区推动新材料新能源及高效节能等科技创新，广州开发区、黄埔区做大做强六大创新型产业集群，番禺区推进建设广州国际创新城，南沙区打造粤港澳合作科教创新集聚区，增城区构建六大产业集群，花都区推动产业转型和高新技术产业集聚发展，从化区重点建设明珠工业园新能源产业基地。

3. 珠三角（广州）国家自主创新示范区建设的不足

（1）产学研合作力度薄弱。

企业是自主创新的主体，但一般企业往往缺乏创新所必需的核心技术、关键知识和相关资源。高校和科研机构是知识创新的源头，能够为企业自主创新提供技术支撑服务，但高校和科研机构由于其内部结构和体制关系，对外交流合作力度不足，且由于成果转化条件限制，并不适合进行大规模的生产经营。而将三者结合则可以优势互补，加快创新速度，提高创新效率。广州自创区以中小企业为主，受限于自身规模、经济实力等条件，往往无法与高校、科研院所开展产学研合作。而大企业虽然具有较强的经济实力，但由于研发投入存在高风险、长周期等问题也不愿或不敢进行产学研合作。加上合作利益分配机制不协调、创新体系不完善等问题，广州自创区内各主体产学研合作并未有效展开。

（2）知识产权保护体系有待完善。

知识经济在全球范围内得到重视，各国相继出台了一系列与知识产权保护有关的政策。广州自创区也实行了一些措施，如支持企业和产业技术联盟构建专利池，着力打造技术转移与知识产权服务平台等，这些措施在一定程度上取得了相应的成果。但是目前园区内广大中小企业的创新模式以集成创新和消化吸收再创新为主，在进行自主创新过程中经常会面临复杂的经济纠纷，如侵权和知识产权权益分配等问题，自主创新示范区应当制定与之相适应的政策法规。同时，广州自创区的知识产权教育培训体系，知识产权保护法规、规章，申诉维权援助机制等都有待加强建设。

（3）创新体系有待进一步改进。

完整的创新体系包括创新主体、创新要素、创新环境等多个方面的内容。目前自创区内创新体系存在创新主体独立、创新要素割裂等问题。此外，创新体系内中介服务机构不健全，缺少促进科技成果向生产力转化的中介组织，不利于创新成果的转化；系统的创新政策评估机制起步较晚，还未形成规范化的评估管理体系，无法为各级政府部门制定创新支撑政策提供有效反馈，不能满足创新活动的需求；创新文化氛围不浓，无法对创新思维培育、创新成果生产产生积极的作用。

专题篇

第四章 南沙自贸区行政体制机制改革

(李自新：暨南大学产业经济研究院)

一、实现行政审批管理体制上的突破

建立南沙自贸区是国家在新形势下推动贸易自由化、推动新一轮改革开放所实施的一项新举措。南沙自贸区的建设重点是依托港澳将其打造成为粤港澳深度合作示范区、21 世纪海上丝绸之路的重要枢纽和全国新一轮改革开放的先行地。要消除贸易障碍，实现贸易自由，在行政体制方面首先需要做的就是消除政府人为设置的相关经济领域内的一些障碍。其中，影响市场发挥作用的最大行政障碍是行政审批障碍。因此，为了促进南沙自贸区行政体制机制改革，首先要做的便是在行政审批管理体制上有所突破。

（一）建成统一集中的行政审批机构，实现行政权力的下放

要实现审批管理体制的突破，首先需要建立一个统一集中的行政审批机构。广东省关于建设南沙自贸区的相关通知已经指出，要完善行政管理体制机制，必须成立南沙自贸区工作领导小组，作为市级议事协调机构，负责研究和决定南沙自贸区发展的重大问题，统筹推进南沙自贸区改革试点工作；设立南沙自贸区管理委员会，作为市政府的派出机构，在广州南沙经济技术开发区管理委员会挂牌，负责南沙自贸区的建设管理工作，管委会内设若干工作部门重点负责南沙自贸区相关工作。在南沙自贸区建立起一个统一集中的行政审批机构，不仅有利于区内各项行政事务集中办理，提高办事效率，而且方便对区内企业进行统一管理。除此之外，该通知还指出，除全国人大、国务院各部委、省人大、省政府授予南沙自贸区管理机构的相应权限外，还要授予南沙自贸区管理机构市级经济、社会管理权限，除了确实须由市级行政机关统一协调管理的事项外，原则上委托和下放给南沙自贸区管理机构依法实施。行政机关管理权限的下放不仅有利于南沙自贸区内部管理体制机制的强有力施行，还大大缩短了区内企业因审批流程烦琐而产生的时间拖延等问题，帮助区内企业摆脱行政方面的过分干预，实现更加自由的市场化经营管理。

（二）推动实现"全生命周期"式的审批管理

"全生命周期"服务是根据企业注册登记、投资建设、生产经营和申请破产等阶段以及公民出生、成长、死亡等阶段，梳理出涉及不同阶段的审批事项、监管事项、服务事项和惠民政策等，给企业和公民提供便利、高效的"一站式"服务。

"全生命周期"式的审批服务模式变以部门为中心的审批服务模式为以公众为中心的审批服务模式，将企业和公民作为服务的主要群体，体现了政府部门"以民为本""服务为民"的服务思想。在自贸试验区实施这种模式的审批制度，不仅能够缩短企业在不同阶段向政府申报审批材料的时间，而且相关手续也会得到简化，使得企业的发展不再受到政府审批管制的过分干预。随着网络的发展，"互联网＋"思维模式也在政府行政工作中得到了快速发展。"全生命周期"式的审批服务模式在实践中的成功应用离不开对网络、大数据的应用。南沙自贸区要实现审批管理体制上的突破，不仅需要将这种"全生命周期"式的审批管理模式结合自身实情加以发展应用，还要利用好信息化数字媒体，通过网络建立各类审批服务项目主题包的大数据库，使审批流程变得更加规范、便捷和高效。

二、完善"准入前国民待遇"和"负面清单"管理模式

（一）"准入前国民待遇"和"负面清单"的内容及其意义

"准入前国民待遇"是指在外国投资者设立企业、取得经营和扩大规模等阶段给予他们及其投资不低于本国投资者及其投资的待遇。它与"负面清单"管理模式相结合，成为国际投资规则发展的新趋势。

"负面清单"是一个国家禁止外资进入或者限定外资比例的行业清单，它是目前国际上通行且应用广泛的外商投资管理办法。在 TTIP 和 TPP 成为主导全球区域经济一体化新模式的大背景下，2013 年上海自贸试验区率先在国内采用了"负面清单"管理模式，在自贸试验区内对外商投资实施了特别管理，并且已经连续推出 2013 年版、2014 年版和 2015 年版共计三版"负面清单"，清单内容不断调整以适应自贸试验区的实际发展需要。

"负面清单"管理模式以清单的形式公开列明了一个国家在引进外资的过程中对某些与国家规定不符的事项的管理措施，明确了外商投资企业不能投资的领域和产业，从而在开放市场的同时，保护了部分敏感领域和产业。实施"负面清单"管理制度可以防止政府官员在审批投资许可的过程中出现临时性的自由裁决，给外商投资者

提供更大的确定性。"负面清单"管理模式体现了政府管理观念和手段的进步：从以市场准入的审批和限制为主，到以市场准入的规制为主；从积极干预市场主体行为，转变为通过法律手段对市场进行规制。同时，这种管理模式还可以让外资企业在进入自贸试验区之前先对照清单进行自我检查，对其中不符合要求的部分及时进行整改，从而提高外资进入的效率。

（二）南沙自贸区"负面清单"的实现

按照南沙自贸区建设的总体方案，重点发展航运物流、特色金融、国际商贸、高端制造等行业，将其建设成为以生产性服务业为主导的现代产业新高地和具有世界先进水平的综合性服务枢纽。为吸引外资向重点行业投资，南沙自贸区的"负面清单"在拟定时应重点关注航运物流、特色金融、国际商贸、高端制造等行业，减少重点行业不必要的规制。

"负面清单"的制定是一项系统工程，需要在制定阶段进行分层处理。在确定目标的基础上，要考虑设定相应的引进原则，并根据国内经济行业门类、国家在引进外资方面的相关规定以及自贸试验区重点发展行业等多方面进行综合分析，分行业拟定不同的限制措施。这些限制措施在拟定时，可以区分金融、制造以及物流等重点发展行业和其他的普通发展行业，结合资金的实际引进情况，有针对性地分别讨论。最后，再综合起来进行分析论证，形成备选方案以供决策使用。

在实施阶段，需要对实施的经济性、效果性和效率性进行分析评价，反馈实施过程中出现的问题，并找出相应的解决方案，以便在下一轮决策时统筹考虑。在评价时，可以采用定性分析与定量分析相结合的综合评价方法。就"负面清单"来看，经济性指标是定量指标，主要从外资引进的数量、金额和速度等方面考虑。效果性指标一方面是定性指标，是从"负面清单"制度的受益者角度观察其实现程度；另一方面也是定量指标，可以从"负面清单"实施后引进外资的速率、质量等方面考虑。

"负面清单"管理制度是一项区域性的局部制度创新，要使得这种制度创新能够在自贸试验区长久地推行下去，还需要解决制度本身以及制度环境所存在的一系列问题。

上海自贸试验区的"负面清单"经过2014年和2015年的改版，已经有了很大的改善。从限制项的减少可以看出上海自贸试验区正在逐步放宽对外商准入的限制，而且"负面清单"的各项内容在表述上也更加细致和明确，这将使这种"负面清单"管理模式在可操作性和实施性上变得更加便捷。南沙自贸区在完善"负面清单"管理模式时，应时刻警醒这种"负面清单"管理制度本身可能存在的问题，对外商准入的限制应根据实际情况逐步放开，在各项限制制度的制定上要尽量考虑到实际实施过程中可能出现的问题，尽量做到未雨绸缪，将各项制度制定得更加细化和清晰，便于以后的实施。

上海自贸试验区是国内首个推行"负面清单"管理模式的地区，它的可复制性并不能只是简单模仿。首先，"负面清单"管理模式在自贸试验区内的成功推行依赖于目标区域内相关产业的实力。所以，要想成功推行这种模式，南沙自贸区在引进外资企业和发展区内企业时要有所选择，重点发展优势企业，以便增强区内企业的整体竞争力，便于"负面清单"管理模式能够在区内得到好的践行。其次，"负面清单"管理模式的成功推行还需要与之相适应的法律法规的完善和健全，能够保证"负面清单"在同一个法律语境和制度框架下实施，且不被外国投资者钻法律的空子。最后，"负面清单"管理模式属于行政审批方面的制度创新，它的推广实施，还需要协调好中央政府、地方政府与自贸试验区各部门之间的利益关系，防止这种管理模式在实施时出现利益扯皮问题。

实施"负面清单"管理模式，在引入大量外资，促进相关产业开放的同时，对本地区那些基础薄弱、竞争力不强的"弱势"产业会造成不小的冲击。南沙自贸区相关政府部门在面对本土产业遭受冲击的时候，不应一味地进行保护，而要顺应市场发展规律，淘汰那些在市场中无法生存和成长的产业，形成地区性的强势产业，助力自贸试验区的发展和本土经济的发展。

"负面清单"管理模式作为一项单独的政策法规是不足以在自贸试验区成功推行的。它的成功实施和推广还需要区内相关配套制度的出台和实施。政府在出台相关配套制度的同时，要考虑配套制度与"负面清单"管理模式之间的内在关系和衔接性，保证"负面清单"管理模式在一个好的制度环境下推行。

从简化审批流程的角度看，"负面清单"管理模式给外商投资进行了"松绑"，但同时也对相关审批部门和监管部门的监管职责提出了更深入的要求，对各部门的协调配合也提出了更高的要求。南沙自贸区在完善"负面清单"管理模式的同时，要对相关部门的监管职责提出更高的要求，在不影响外资企业正常进入的前提下，对其资格认证的相关核查不能放松，做到既要保证速度，也要保证质量，防止不良资产进入自贸试验区内。

三、加强平台建设和体系制度建设

（一）加强社会信用体系建设

社会信用体系是通过建立和合理使用信用记录，从而形成鼓励守信、惩戒失信的社会风气的一种社会机制。它的主要作用在于规范一国或一地区的市场秩序，从而建立一个适合信用交易发展的市场环境，保证一国或一地区的市场经济向信用经济方向转变，即实现从以原始支付手段为主流的市场交易方式向以信用交易为主流的市场交易方式的健康转变。这种机制的形成会建立一种新的市场规则，促使社会资本得以形成，直接保证一国或一地区的市场经济走向成熟，扩大市场规模。

保证自贸试验区社会信用体系的高效运转，需要从数据库建设、制度机制建设、信用信息应用、信用产品及信用市场发展四个方面着手。

1. 加快南沙自贸区信用信息大数据库建设

南沙自贸区公共信用信息服务平台的建设需要在遵循"公共、公益、公开、共享"的原则上进行，加快建成全区部分中央垂管部门、地方相关政府部门、自贸试验区各驻区机构以及区内行业组织的信用信息大数据库，交互共享数据库中的信用信息，逐步开发其中的组合查询、披露发布等多项功能，并面向社会逐步开放查询服务。

2. 制度机制建设是自贸试验区信用体系建设的核心

南沙自贸区应根据事前告知承诺，事中记录、共享与披露信用信息，事后开展信用奖惩等要求建立起信用管理制度。南沙自贸区要建立起信用信息记录制度，明确政府管理部门的信用信息记录责任和信息归集渠道。同时，南沙自贸区的信用信息子平台要依托广州市的公共信用信息服务平台，对信用信息进行归集，形成南沙自贸区的信用信息目录清单。

3. 信用信息应用是自贸试验区信用体系建设的关键环节

南沙自贸区各政府管理部门可借鉴上海自贸试验区在这方面的实践经验，区别企业不同的信用状况，对信用良好的企业开通绿色通道等便利服务，对失信企业进行惩戒约束，并对企业在市场准入、贸易管理、金融业务、货物通关、资源分配和资质评定等方面实施不同的管理措施。企业法人、自然人等市场主体可以通过南沙自贸区信用子平台查询信用信息，了解交易对象的信用状况，在企业防范市场交易风险和增加交易机会等方面获得参考。

4. 促进南沙自贸区信用产品及信用市场的发展

在政府主导建立南沙自贸区信用体系和信用子平台的同时，需要探索引入市场化信用评级专业机构，在自贸试验区形成公正、权威且被大多数企业所接受认可的信用评估服务模式。政府管理部门在监管服务、政策扶持、政府采购、业务外包等环节，应主动采信信用评估机构做出的企业信用等级状况，成为信用产品的使用者，为区内企业在购买市场化信用产品方面做出表率。此外，南沙自贸区政府部门还要鼓励区内企业和个人积极使用信用产品和服务，建立健全自贸试验区内信用服务市场，激励市场主体自觉提升自身信用。

（二）信息共享和服务平台应用

信息共享是指不同层次、不同部门的信息系统间信息和信息产品的交流与共用，就是把信息这种在互联网时代中越来越重要的资源与其他人共享，以达到合理分配社会资源、节约社会成本、创造更多财富的目的。

信息共享是提高信息资源利用率，避免在信息采集、存贮和管理上出现重复浪费现象的一种重要手段。其基础是实现信息的标准化和规范化，并用法律或法令形式予以保证。南沙自贸区在进行信息共享平台建设时，首先需要实现的就是区内行政部门信息的标准化和规范化，将区内各部门的信息资源进行分类归整，并对各类信息进行标准化处理，以便于各部门之间实现信息的快速交流和共享，提高行政办事效率，同时也方便企业及时获取政府部门的各类信息。统一信息标准，还需要协调好各部门之间和企业间的利益关系，并且要以行政法令的形式对这种标准化的信息加以保障。

信息共享的效率依赖于信息系统的技术发展和信息传输技术的提高。要提高信息共享的效率，首先必须要保证信息资源在信息严格安全和保密的条件下传输共享，保证信息在传输共享的过程中能够不被不法分子所利用，从而扰乱原本正常的市场秩序。其次，这种效率的提高还需要技术部门不断提高信息传输和共享技术，攻克各类技术难关，提高信息传输效率，保证信息共享不出现技术性失误。

信息共享的有效实现还需要加快建设以大数据中心和信息交换枢纽为主要功能的信息共享和服务平台。大数据中心的建设需要在标准化区内信息的基础上进行，将各个行政部门的有效信息归集到大数据中心，进行分类整理，并逐步开放查询功能。建设区内信息交换枢纽能够帮助企业之间实现市场信息的及时交换，避免不必要的损失。自贸试验区相关部门在搜集企业除了必须向工商管理部门提交公示的信息之外的信息时要本着自愿原则，鼓励企业在信息共享平台上发布信息，但要坚决杜绝任何强迫行为或以其他方式进行威逼利诱的行为。

（三）健全综合执法体系

所谓自贸试验区综合执法，是指在自由贸易试验区内，由一个行政机关或法律法规授权的组织，依据一定的法律程序来综合执行多项法定职权。我们可以把自贸试验区内实施综合执法的机构称为"自贸试验区综合执法局"。它的执法权限范围仅限于区内，即只对区内的违法、侵权等行为进行综合执法。性质上，自贸试验区综合执法不同于过去的联合执法、联合执行等执法方式，自贸试验区综合执法局作为一个具有法律人格的执法主体，能够以自己的名义进行行政执法活动，并独立承担责任。

健全自贸试验区综合执法体系，需要明确执法主体以及制定相对统一的执法程序，建立联动联勤平台，完善网上执法办案系统。对于执法主体较为单一且明确的系统，如口岸、海关、检验检疫等，实施综合执法的效果可能会比较明显，需加强这些系统的综合执法力度，保证综合执法在这些系统里得到较好执行；对于那些专业性较强，执法主体较为模糊或存在几个执法主体的系统，像知识产权、食品药品、税务等，则需要建立更为细致的执法体系。

（四）健全社会力量参与市场监督制度

南沙自贸区行政体制机制改革的主要方面是从注重事前审批转变为注重事中和事后监管。推动社会力量参与市场监督，不仅有助于在自贸试验区加快形成政社分开、权责明确、依法自治的现代市场监督管理体制，同时也有助于加快探索形成与国际投资规则和惯例相衔接的基本制度体系和监管模式，更好地促进市场监督体系的发展。

上海自贸试验区为促进社会力量参与市场监督制度的形成，揭牌成立了"社会参与委员会"。"社会参与委员会"的主要任务表现在四个方面：一是引导企业和其他社会力量表达利益诉求，当好企业、社会力量和政府之间的沟通桥梁；二是组织市场经营主体参与市场监督，做好诚信体系建设，加强自律；三是推动区内协会、商会和专业服务机构在制定行业公约、维护竞争秩序、评审评估、认证监管等方面发挥监督作用；四是推动自贸试验区内多股社会力量参与体系建设，逐步增进社会参与的广度和深度。

"社会参与委员会"是一个枢纽型的自治组织，是区内企业和社会多种力量共同参与自贸试验区建设和市场监督的交流沟通平台。南沙自贸区在健全社会力量参与市场监督制度方面，应该学习上海自贸试验区的实践经验，建立枢纽型的多种社会力量参与监督的组织，打造区内各种社会力量参与市场监督的交流平台，推动自贸试验区内行政审批模式由事前审批逐步转变为事中和事后监管。

在建立多元监督机制方面，南沙自贸区应该探索多种方式和途径鼓励各种社会力量参与市场监督，建立以行规、行约为主要模式的行业自律约束制度，完善诚信评价体系，形成一套各类社会力量主动参与市场监督的多元监督机制。

在扩大市场监督方面，应当建立健全专业化服务机构监管制度，支持专业化服务组织发挥市场监督作用，鼓励律师事务所、会计师事务所、税务师事务所、知识产权服务机构、资产评估机构、报关报检机构、检验检测鉴定机构、认证机构等专业化服务组织在自贸试验区内提供专业服务。南沙自贸区可以引入竞争机制，通过购买服务等方式，引导和培育专业机构发展。然后通过一定的制度安排，将区内适合专业机构办理的事项，交由专业机构承担，充分发挥这些专业化服务机构的市场化监督作用。

此外，自贸试验区在依法出台涉及行业发展的重大政策措施之前，应主动听取和征求有关社会力量的意见建议，支持各类社会力量参与已经付诸实践的各项试点政策及其作用的评估，并鼓励其提出合理建议。

（五）完善企业年报公示和经营异常名录管理制度

企业年报公示制度，是指自贸试验区内的企业应当按照区内所规定的企业年报公示办法向工商行政管理机关报送上一年度的年度报告，同时向社会公示的制度安排。完善企业年报公示制度可以帮助区内企业更好地认识到自身的发展水平，并且在全社会力量的监督之下谋求企业更好的发展。自贸试验区在制定企业年报公示办法时，应根据企业的不同类型制定不同的管理办法；主要内容包括登记备案事项、注册资本缴付情况、资产状况、营运状况等信息。注册资本或营业收入数额庞大的企业，还应按规定提交由会计事务所出具的年度审计报告等其他公司材料。

企业经营异常名录管理制度，是指工商行政管理部门将有经营异常情形的企业列入经营异常名录，并通过企业信用信息公示系统进行公示，提醒企业及时向工商行政部门提交真实的年报并改善经营状况。企业经营异常名录管理制度能够促进企业进行信用约束，强化企业诚信自律，维护市场经济秩序。南沙自贸区在制定企业经营异常名录管理办法时，既要做到对列入黑名单的企业进行信用惩戒，又要做到对撤出黑名单的企业给予及时的声誉恢复，帮助企业快速回归正轨。

（六）健全国家安全审查和反垄断审查协助工作机制

自贸试验区的健康发展离不开对国家安全的保障。国务院对于自贸试验区引进外商投资的国家安全审查办法表明，对于影响或可能影响国家安全、国家安全保障能力，涉及敏感投资主体、敏感并购对象、敏感行业、敏感技术、敏感地域的外商投资要进行安全审查。自贸试验区对于外商投资的国家安全审查的工作机制和程序应在遵守国家规定的基础上进行，既不能对外商投资的企业故意刁难，也不能为了引进外资而一味迁就，引进一些危害国家安全的不良资产。南沙自贸区应在遵守国家安全审查相关规定的基础之上，进一步细化自贸试验区内关于安全审查的要求，针对现实存在的问题进行有目的性的改革，并以法律或行政法令的形式对自贸试验区的安全审查工作予以保障。对待外资企业要做到不卑不亢、有理有据，既不能将危害国家安全的企业放进来，也不能对有利于自贸试验区发展的外资企业设置过多的障碍。

市场自由竞争所形成的垄断有利于市场经济的集中快速发展。但是当市场经营者滥用这种垄断权力对市场横加干预时，便会扰乱市场秩序，妨碍市场经济的健康发展。因此，为了维护正常的市场经济秩序，需要法律法规对市场上的垄断现象做出合理约束。我国《反垄断法》规定的垄断行为包括：经营者达成垄断协议，经营者滥用市场支配地位，以及具有或者可能具有排除、限制竞争效果的经营者集中等。自贸试验区对于区内企业的反垄断审查办法应在遵守国家关于反垄断的相关规定这一前提下制定，审查工作需要由自贸试验区管委会分配相关审查人员来完成。对于区内企业可能存在的危害市场经济正常秩序的垄断行为的监督可以借助社会力量进行，建立健全完善的反垄断举报制度；同时，自贸试验区内的工商部门应与反垄断部门协调好各自的职权，防止出现"权力扯皮"的问题，相关部门应当齐心协力应对区内企业出现的不良垄断现象。

四、实现行政体制机制的创新

（一）推动产业预警制度创新

产业预警制度作为一种新的管理思想和管理方法，是由国家、地方政府、主管部门、行业组织和企业共同参与的统一规划、分工合作、各有侧重、信息共享、反应灵敏的工作体系。它是通过全面收集反映产业发展态势的指标数据，提取产业运行状态的特征信息，运用一定的技术方法对产业过去和现在的发展态势进行模拟，并利用模拟后的参数对产业未来的发展趋势进行预测，根据预测的结果，结合产业安全的评判标准，及时地发出运行态势的预警信息，以便采取措施，及时调整产业发展方向。它主要包括信息收集、分析评估、预警预报、预案实施、效果评价等一系列程序和措施，可以为政府、产业和企业提供决策服务。

完善的产业预警机制包括预警模型和指标体系的建立、信息库与专家库的设置、预报制度的制定、预警技术指导以及专业人员培训等几个部分。对那些易受进出口冲击的产品，数量和价格变化对产业发展影响较大的产品，消费量较大的产品，出口有优势且出口量较大的产品以及自贸试验区内拟重点发展、目前尚属幼稚时期的产品要进行重点监测。监测指标主要包括进出口指标、国内外相关产业生产经营指标、国内外市场价格指标等。

推动产业预警机制创新，首先需要建立行业信息跟踪、归集和监管的综合性评估机制，加强对自贸试验区内企业在区外经营活动的全过程进行跟踪、监督和管理。其次，要建立预警预报制度，根据产业预警模型以及专家分析系统，编制重点行业、重点产品的产业损害预警指数和专家评估指标，在此基础上编制产业预警报告并提出应对措施。再次，要完善技术指导，加强高校与企业之间的技术合作，推动自贸试验区内高新技术产业的发展。最后，要加强专业技术人才队伍建设，在引进国内外创新人才、科技人才和产业领军人才的同时要加强对自贸试验区内高科技企业专业技术人员的培养和使用，打造有利于引才、育才、用才和成才的环境条件与事业平台。

（二）推动信息公开制度创新

信息公开制度的创新包括政府信息公开制度创新和企业信息公开制度创新。推动政府信息公开制度创新，首先需要完善政府信息公开的法律体系，制定区内政府公开信息的法律法规，明确信息公开的基本理念、原则和主客体，以及各政府部门的职权、责任和信息公开的程序等内容。其次需要健全信息公开的网络体系，在信息获取的途径上完善区内政府网站服务的查询功能、沟通功能、办公功能等，向公众提供立体式的网络信息服务。同时，政府网络还应提供清晰的导航窗口、信息举报与反馈信箱等，增强网络的沟通功能。除了利用政府网站公开政府信息，还应充分利用各种第三方网络平台，如微博、微信等向公众更快地传递政府信息。

推动信息公开制度的创新，不仅需要企业在信息提供方面做出努力，还需要区内的行政部门和政府机构在企业信息的公示方面进行创新。对于那些不愿意提交可以向社会公开的信息的企业，要建立相关惩戒措施来进行管理。在企业信息公示方面，相关部门首先要做好基础的整理和分类工作，建立企业信息大数据库，制定合理的公示制度，对企业信息进行分类、分层公示；其次要扩大公示内容的范围，对企业信息进行全方位、多角度的公示，不能只是关注企业的盈利状况；最后要采取多元化的公示途径，方便企业信息更快、更好地进行传递。

（三）推动权益保护制度创新

保护自贸试验区内企业的合法权益是自贸试验区得以良好发展的必要前提。一提到权益保护，人们首先想到的便是拿起法律武器。确实，在自贸试验区内保护企业合法权益的首要途径就是通过法律。南沙自贸区在保护区内企业权益方面，首先需要做的就是完善区内的法律体系和诉讼程序，对接广州市相关法律部门来处理自贸试验区内发生的商事、民事纠纷案件。

除了通过法律途径，自贸试验区相关部门还应积极探索其他途径来解决企业之间的商事纠纷。上海自贸试验区积极借鉴并对接国际通行的商事争议解决机制，结合自贸试验区商事纠纷的特点，于2014年5月探索建立了具有自贸试验区特色的、诉讼与非诉讼相衔接的商事争议解决机制。引入商事争议调解组织、行业协会、商会等具有调解职能的机构，在自贸试验区知识产权法庭设立了非诉讼调解庭，对所受理的案件先进行庭前调解，并通过司法程序确认非诉讼调解与诉讼的程序对接和效力对接。较之传统民事纠纷的诉讼与调解对接，上海自贸试验区探索的商事争议非诉讼调解机制，在调解机构及调解员的专业性、纠纷分流类型化、调解独立性、规则公开化以及涉外纠纷引入外籍调解员等方面进行了大胆尝试，以有效对接自贸试验区内中外市场主体对各类商事争议解决的不同需求。南沙自贸区在进行企业权益保护制度创新时，可以借鉴上海自贸试验区的商事争议多元解决机制，并充分结合区内商事纠纷的特点进行完善。其中可以加以改善的方面主要体现在以下三点：一是要给商事争议专业调解建立起法律支撑，树立调解在商事争议解决上的先行意识，提高自贸试验区内对于这种多元解决机制的认可度和接受度；二是要将调节资源整合共享，将具有调节功能的行业协会、商会及调解组织进行统一归整，方便当事人选择；三是要培养专业化、职业化的调解员，提高调解员的专业调解能力。

（四）推动公平竞争制度创新

公平竞争是市场经济的基本原则，只有通过充分、公平、有效的竞争才能真正发挥市场在资源配置中的决定性作用，确保市场机制的高效运行。为了维护公平竞争的市场环境，南沙自贸区应充分认识到建立公平竞争审查制度的必要性，在区内建立和完善公平竞争审查制度，规范自贸试验区各级行政部门的行为，防止出台排除、限制公平竞争的政策措施，逐步清理、废除妨碍自贸试验区统一市场和公平竞争的规定及做法。公平竞争审查制度的审查对象为行政机关和法律、法规授权的具有管理公共事务职能的组织。这些组织在制定市场准入、产业发展、招商引资、招标投标、政府采购、经营行为规范、资质标准等涉及市场主体经济活动的规章、规范性文件和其他政策措施时，应当对其进行公平竞争审查。

制度的建设归根到底在于执行。一个好的制度如果不能在实践中得到好的贯彻，并及时发现问题和解决问题，那么终将是"竹篮打水一场空"。在执行贯彻公平竞争审查制度时，一是要打破观念上的束缚，打破"政府包揽"的思维定式，善用法律来约束政府行为；二是要细化具体措施，自贸试验区法律部门要进一步制定具体详细的、有针对性的、可操作的实施细则，让这项制度切实落地；三是要加强外部监督，除了要做好内部自查自纠，还要加大信息公开力度，开辟外部监督的各种渠道；四是要强化责任追究，严格追究失职渎职、违法违规人员的责任，保障政府公信力和市场主体的切身利益。此外，还要加大舆论引导力度，促使全社会增强公平竞争意识，维护公平竞争环境，为经济发展释放新的活力。

综上所述，本章从行政审批改革、"负面清单"管理模式以及行政制度建设和制度创新等方面对南沙自贸区行政体制机制改革进行了详细论述。总结来看，要实现南沙自贸区行政体制机制改革突破，需要自贸区行政机构在行政审批、信息整理、市场监督、维护市场有序竞争等方面做出努力。一项制度的合理性不仅在于通过这项制度时所经过的各种理论检验，更重要的是要经得起实践的检验。南沙自贸区在面对那些可复制、可借鉴的管理模式和自我创新的制度改革时，除了要对其进行各种理论上的合理性和优越性检验，更要进行试点检验，从制度的实施过程来看其利弊，在权衡对比之下进行取舍和改进。

第五章　南沙自贸区大通关体系建设

（郭楚楚：暨南大学产业经济研究院）

一、高水平对外开放环境下高效通关模式建设

广州市南沙区作为自贸试验区、国家级新区、21 世纪海上丝绸之路的重要支点，是广州未来对外开放的门户枢纽，肩负着实现高水平对外开放的战略使命。为全面实现国家战略功能，释放自贸区政策优势，提升投资贸易便利化水平，加强国家间经济贸易往来，必须建立与国际接轨的基本制度框架。从国际角度来看，简化海关手续、提高通关效率是各国促进贸易便利化的基础与必要手段。

我国当前处于通关便利化的模式创新阶段，各区域正抓紧推进大通关建设，出现了许多可复制推广的重大创新成果。在此背景下，梳理大通关体系建设的基本思路，借鉴国外的成功经验，对于南沙自贸区，乃至我国通关体系的优化创新具有重大意义。

（一）国际通关模式优化基本原则

全球范围内自由贸易区的发展，促使各国在通关模式创新方面进行了诸多尝试。作为贸易便利化的基础性工作，通关效率的提高、通关便利化的发展将直接影响一国贸易政策的效果及其在全球贸易网络中的地位。纵观世界各国通关模式发展路径，其模式创新与变革主要遵循以下几个原则。

1. 便利性与有效性相结合原则

提高通关便利性是各国通关模式优化的主要方向之一，也是口岸效率与竞争力的重要体现。在跨国贸易不断发展的背景下，通过制度调整与技术创新，简化通关程序，促进贸易发展，是各国口岸改革追求的重要目标。与此同时，通关作业模式的便捷化须以有效监管为前提，各国在通关模式优化创新过程中，首先需要保证通关监察的有效性，保证监管效能，严格把关。因此，当代通关模式创新必须注重便利性与有效性的相互协调，在保证有效性的基础上提高通关的便利化水平。

2. 高效化原则

在国家间贸易自由化不断深化的背景下，大量的人员、货物、信息流对口岸的通

关效率提出了挑战，使之成为一国优化经贸环境、深化国际交流的重要环节。通关管理的高效性主要体现在信息处理效率、信息化共享、资源整合等方面，成为衡量现代海关通关模式的关键。基于此，当今国际通关环境的优化和通关效率的提高，主要依托于口岸信息化建设、通关无纸化和资源整合等措施。

3. 综合协调原则

通关建设是涉及多部门的交叉环节，各部门基于不同职能而对货流、客流、信息流进行处理，形成信息和时空的重叠。高效的通关制度必须考虑部门间的协调，促进资源信息整合、共享，监管互认，最大限度避免重复执法，在简化通关程序、便利通关的同时，提高政府的行政效率。

4. 服务导向原则

在全球开放协作的背景下，通关管理模式由传统的"行政主导"逐渐向"客户导向"的现代化管理思想演变，政企关系由监管与被监管逐步转向服务与合作的新模式。有效的通关改革需注重企业需求，强化简政放权意识，让企业参与到制度建设的环节中，充分听取企业意见，进而为国际贸易提供优质服务。

（二）基本原则指导下国际通关便利化模式

1. 便利性原则下的通关程序简化

最大限度简化通关手续，减少通关环节，是各国优化通关模式、提高便利化水平的首要措施。通关程序简化创新的可复制性较强，效率提升效果显著。我国自贸区的众多便利化创新成果都是在广泛借鉴国外先进经验的基础上，依照我国国情而进行的制度设计。发达国家在该领域的发展较为成熟，为我国的制度创新及高效通关口岸的建设提供了诸多借鉴。

（1）货税分离制度。货税分离是美国口岸的通行制度，指在口岸通关过程中，充分利用信息系统与担保制度，改变传统的先缴费后通关模式，将提货与缴税分开进行，强调通关优先，以达到快速放行、提高通关效率的目的。美国海关规定将纳税申报时限延长至货物提取后10日内，关税清算期限则长达1年，实现了提货与缴税手续时间节点的分离（如图5-1所示），达到分步申报、减少通关等待时间和提高通关便捷性的目的。借鉴该制度，可以有效缓解贸易量增加对有效监管的压力，是在我国对外贸易快速发展的背景下，提高监管水平的有效途径。

```
┌──────┐    ┌──────┐    ┌──────┐    ┌──────┐
│ 申报 │ ⇒ │ 查验 │ ⇒ │ 缴税 │ ⇒ │ 放行 │
└──────┘    └──────┘    └──────┘    └──────┘
```

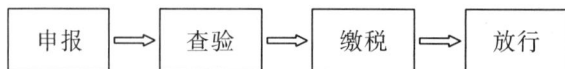

（a）改革前通关程序

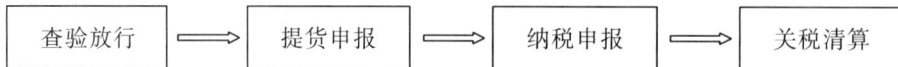

```
┌──────────┐    ┌──────────┐    ┌──────────┐    ┌──────────┐
│ 查验放行 │ ⇒ │ 提货申报 │ ⇒ │ 纳税申报 │ ⇒ │ 关税清算 │
└──────────┘    └──────────┘    └──────────┘    └──────────┘
```

（b）货税分离通关程序

图5-1　改革前后通关程序对比

（2）风险分类通关模式。该模式是指通过对企业进行风险分类，基于风险分析结果，采取相应的通关模式，对进出口企业进行分类管理。信用程度较高的企业可享受绿色通道待遇，最大限度为其提供通关便利；中等信用企业按照常规流程办理通关手续；而对于信用较差的违规企业则进行重点监督，实施较为严格的监管制度。该模式与以往的分类方法相比，通过建立一套评估体系、利用信息系统进行数据整合与分析，使评价结果更加客观、全面，也提高了海关企业监管的主动性。风险分类管理作为提高海关行政效率、促进通关便利性与有效性的重要途径，受到了各国的重视。其中，德国建立了涵盖23个方面、60多项指标的企业风险评估体系；日本与荷兰将监管企业分为四大类，综合考虑所属行业、规模、产品、管理规范、历史记录等各方面，针对企业类别选择监管模式，体现了国外海关先进的管理理念。

表5-1　主要国家企业风险分类方法

国家	分类方法
德国	利用企业信息管理系统（BISON）与企业风险分析评估系统（PRUF），综合23个方面的评价指标，全面评估企业风险；风险分值达500分以上的企业直接纳入下一年度稽查计划
日本	将企业分为规范便捷通关企业、业务量大企业、业务量小企业、新设或初次报关企业四类进行管理，并确定重点监管企业
荷兰	货物：风险分类管理，根据初步风险值采取实际查验、抽样查验、先放行后稽查等方式；企业：同日本做法，分四类管理

（3）面向中小企业的通关便利政策。跨太平洋伙伴关系协定（TPP）在通关便利化的制度设计上充分重视中小企业的便利化诉求，为其提供极具针对性的优惠政策。快运货物作为中小企业主要依赖的运输方式，可享受快速通关程序待遇，而这大幅降低了中小企业的通关成本。TPP充分意识到了在跨境电商发展的背景下，中小企业的

地位已从中间环节的供应者转换为直接服务客户的销售者，在全球商业中扮演着越来越重要的角色。该贸易便利化制度对于贸易国家而言是一大利好，对于众多发展中成员国而言，优势更为明显。

（4）区内自由的监管政策。为了提高自贸区的通关便利化程度，大多数国家均推行自贸区区内自由的监管政策。新加坡自贸区实行"一线放开，二线管住，区内自由"的政策，对区内进出货物一线完全放开，市场出售前无须向海关申报，区内实现最小限度监管；对进出非自由贸易区的货物做到最低限度开箱验货，降低通关成本。新加坡该政策的实现有赖于电子系统对众部门的有效整合，同时与政府和主管机构相互配合的监管模式密切相关。此外，美国海关对货物进入国内市场的卡口进行重点监管，但在区内实行委托管理和自主管理制度。

以上的通关便利化制度在我国口岸建设中已有体现，但对比国外的实践，我国的通关制度仍有优化提升的空间。如在企业分类监管上，我国的标准较为单一，在制度设计中未充分关注中小企业的便利化需求；"一线放开，二线管住"政策需要配合我国传统海关监管模式的改革，真正实现简政放权与各部门的有效协调；主要监管对象需实现由进出口货物向企业调整。

2. 综合协调原则下的协作体系构建

口岸通关服务涉及不同部门的众多查验机构，各机构均依照法律授权履行相应职责。为了避免职责交叉重叠、多头管理、程序繁杂等问题，增加进出口贸易与执法成本，世界主要发达国家和地区均建立了一套符合本国国情的部门分工协调体系，以促进各部门的相互协作，提高监管效率。

大部分国家口岸现场查验工作由关、检两部门负责，其他部门的业务受理工作交由海关、检疫局代理，主要特点是统筹协调、分工明确。首先，通过部门间整合或交由指定部门负责口岸查验工作方式，实现同一时间、地点统一一次查验，最大限度简化通关程序；其次，海关在通关服务中起统筹支配作用，负责相关问题的协调与转交，保证通关事务有效顺利进行，避免职能重叠；最后，海关统筹能保证将专业问题快速转交专业部门办理，提高处理速度。各部门各司其职、分工明确，实现了口岸工作的有序性。

部门间协作体系构建的关键节点在于打破部门各自为政的状况，保证隶属不同部门的单位间的有效沟通与协调。美国建立口岸一体化的管理模式，兼顾贸易的安全与便利化，整合海关署、移民规划局、动植物卫生检疫等机构，成立海关边境保护局（CBP）统管边境执法，在整合管理资源的同时，实现口岸一体化的高效管理模式。与美国类似，新加坡为解决海关与移民局之间的职能重复问题，组建了移民局关卡检查站（ICA）专门负责货物查验放行工作。但不同点在于，美国侧重于机构整合，实现单一机构统管；而新加坡则更倾向于协调部门间的职能分配，明确分工，最大限度避免交叉重叠。此外，以荷兰为代表的欧盟各成员国采用的是合署办公模式，强化部门间的合作。荷兰通关口岸实现了关、检合署办公，法律不仅限定了各自的职责范围，也强调部门间协作，为部门合作提供依据，实现部门分工不分家，弱化部门利益，共同提高国家通关效率。

表5-2　主要国家和地区通关服务部门

国家和地区	主要部门	制度设计
美国	海关、移民局	海关统筹处理通关事务，同移民局协同负责业务受理工作，设立海关边境保护局统管边境执法，其他单位辅助配合
欧盟各成员国	海关、移民局、检疫局	海关、移民局和检疫局在口岸通道设有卡口，由关、检两部门实施查验，各部门按照法规要求协同配合，最大限度简化通关程序
新加坡	海关、移民局	由海关及各部门共同组建移民局关卡检查站，专门负责进出口货物的查验、放行工作
澳大利亚	海关、移民局、检疫局和海上安委会	各机构隶属不同部门，依照不同法律授权，协同监管
香港	海关、人民入境事务处、卫生署、渔农处和海事处	海关、人民入境事务处设置现场查验，海关牵头负责处理相关事务

3. 高效原则下的口岸信息化建设

信息化电子口岸建设是当前世界各国推动自贸区通关便利化，提高通关效率的主要方向。通关便利化模式创新以及部门间的综合协调，均有赖于电子化技术的支撑。电子口岸融于通关的各环节中，涵盖范围极广，其信息化程度将对通关服务、物流管理等各方面产生深刻的影响。现代化电子口岸可以高效处理大量单证流、货物流与信息流，实现"一站式""无纸化"报关，提供24小时不间断服务，保证通关的高效；利用先进的信息技术可以实现查验、监管的自动化，通过资料信息比对，进行风险分析，降低货物查验比例，实现信息资料事前提交，避免口岸堵塞，形成强大的信息网络，实现信息共享、互联互通等。

世界级枢纽港口岸电子化发展已较为成熟，口岸实现高度信息化，各大港口均开发了电子数据交换系统（EDI），保证信息的高速传递。在此基础之上，信息服务系统成为电子化口岸的焦点，自动查验、24小时报关、装运指令发布、电子商务服务等信息处理功能的突破，国家级信息服务平台的建设，"单一窗口"的一站式服务，极大地提高了口岸的服务水平与通关效率。表5－3为主要港口的电子化口岸服务系统，其中新加坡港的电子通关系统是电子化口岸建设的典型代表，也是新加坡港的显著特征。无缝连接的"一站式"电子通关，自动申报、快速审核，风险分类基础上的电子化货物分类查验等系统功能，已将新加坡港打造成为一个现代化高效运转的国际枢纽港。当前，各国正加紧推进贸易自由化，深化自贸区通关便利水平，口岸的电子化服务无疑是促进自贸区政策效果释放，提高国家或地区对外贸易水平的助推器。

表5－3 主要港口电子化口岸服务系统

港口	服务系统	特点
新加坡	TradeNet	"一站式"通关服务网络，连接35个政府部门，处理进出口贸易相关的所有手续，自动接收、处理企业申报的电子数据
美国	ACE	自动化商业环境系统整合多个政府机构，提供多功能的一站式服务，动态监管区内货物流，最大限度减少海关手续
鹿特丹	INTIS	高度现代化管理系统，高效的信息传送功能，形成"电子商务网络"
安特卫普	APICS	使用信息控制系统安排船舶抵离港、掌握危险品的申报

4. 现代化管理思想下的通关服务理念

海关监管服务是自贸区内实现贸易便利化的关键环节。以便利化为目的，各国海关自贸区监管制度变革方向始终是为进出口企业提供更高效优质的服务，海关监管的服务理念不断强化。美国海关以提供服务为宗旨，在对外贸易区的检查中以不妨碍日常工作为前提，集中调查对象；新加坡作为亚洲自由贸易区的代表，致力于打造服务型政府，海关流程少、通关快，区内提供免费存储服务，成为全球贸易自由程度最高的国家之一。

改善政府服务的核心在于思想的转变，明确通关部门与企业之间的关系。长久以来，作为口岸管理者的海关始终与贸易企业保持对立状态，直至国际贸易的发展打破了这一格局。在当代国际贸易的推动下，各国都积极投身于贸易便利化的变革过程，以提高或维持本国的国际地位。在此背景下，海关为提高服务水平，保证贸易便利化制度的有效性，必须借助商界的力量，改变通关部门与贸易企业间的关系定位。从国际与各国实践来看，与贸易商之间平等互利的合作关系，是当代海关管理理念的一大创新。

从国际角度来看，《全球贸易安全与便利标准框架》将海关与商界的"伙伴关系"作为提升全球贸易安全与便利化的支柱。海关通过与商业伙伴合作，加强各贸易环节的风险评估和识别，提高对企业的识别认证，进而通过快捷通关等方式便利企业的进出口贸易，形成互利互惠的伙伴关系。在框架的基础之上，各国开始调整海关与商界的关系定位。美国通过实施《海关现代化法案》，调整管理理念由监管向服务转变，在战略与改革措施的制定上，扩大商界的参与，通过互利共赢形成"利益共同体"；在通关流程管理上，充分听取商界意见，满足企业需求，从而实现真正意义上的通关便利化。在《全球贸易安全与便利标准框架》下，新加坡建立了认证经营者（AEO）制度，政府与AEO建立了合作伙伴关系。此外，2011年新加坡海关发布了Trade-FIRST贸易便利化框架，旨在为贸易商提供更大范围的便利服务。在此框架下，成员企业可拥有指定海关官员作为专属"账户经理"，充分体现了海关"服务客户"的管理理念。

（三）"三互"大通关建设改革

1. "三互"大通关建设概况

"三互"大通关，即"信息互换、监管互认、执法互助"的通关原则，是我国基于部门协调配合、通关程序信息化与口岸服务理念提出的，旨在提高通关便利化的通关改革模式。

我国的口岸通关模式经历了由大监管体系、通关一体化到"三互"大通关的变革，从最初尝试探索高效便利化改革向区域间的互联互通深化发展，进而在"关通天下"的基础上推出"三互"大通关新理念。"三互"大通关模式由海关总署在十八届三中全会上正式提出，是在国家"一带一路"的战略背景下对海关监管模式的创新，在自贸区的建设中得到发展与推广。该体系是在海关执法过程中实现"信息互换、监管互认、执法互助"的改革目标，推动跨部门、跨地区海关的深入协作，实现海关由"串联执法"向"并联执法"的转变。"三互"原则的提出，是我国大通关改革深化发展的标志，触及口岸发展的体制机制障碍，对部门整合与协调互通提出了要求。

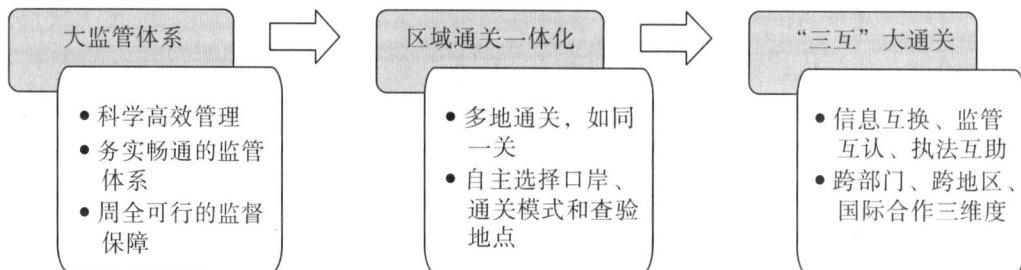

图5-2　中国口岸制度变革

中国自贸区的设立使得"三互"大通关模式得到了快速发展。作为自贸区发展的命脉，通关口岸改革具有重大意义，包括南沙在内的各自贸区均加紧推进"三互"体系建设，将其作为自贸区口岸发展的方向与目标。根据改革目标以及借鉴各国在该领域的经验，当前"三互"大通关体系建设的主要任务包括：建立大通关组织协调机制作为改革的前提，推进"单一窗口"建设作为提升公共服务的突破口，整合优化口岸大通关流程作为改革的核心，建立完善的管理体制作为改革的坚实保障。①

南沙自贸区于 2015 年 4 月正式启动"三互"大通关模式，叠加了关检合作"三个一"、海关无纸化通关与区域通关一体化等改革成果，在整合口岸资源、优化通关服务、提高通关效率等方面，取得了长足进展，并且推广了"三互"模式的应用。该模式首先在关、检两部门间进行试点，通过双方管理资源的优化整合，协调部门间的监管范围，建立了数据交换、业务协调等长效机制，加强执法合作，实现了关、检部门的"并联"作业。此外，南沙自贸区通过推进"单一窗口"建设，运用信息技术打造共享平台，实现系统 1.0 到 2.0 的升级，扩大服务范围，助力于"三互"通关改革的深化发展。

2. "三互"大通关改革的困境与推进措施

（1）建立口岸机构组织协调机制。

我国口岸采取中央与地方结合的管理体制，海关、检验检疫、海事等部门实行中央垂直管理，而地方口岸部门的力量较为薄弱，难以实现领导与协调作用。此外，口岸管理二级机构间的管辖范围不一致，可能对应多个地方政府，跨地区协调难度大。当前南沙口岸管理部门间缺乏有力的协调机制，中央与地方、政府与企业间的协调配合不够。

海关是口岸协调工作的牵头单位，其职责覆盖众多通关环节与要素，是各国口岸的常设机构，在推动"三互"口岸改革的过程中具有天然优势。因此，我国需要借鉴各国机构整合的做法，利用海关在口岸管理的主导地位，发挥主力军作用，配合地方政府的支持，以推进地方口岸的改革工作。

（2）推进"单一窗口"建设。

"单一窗口"是"三互"大通关建设初期的推进项目，是调整通关流程、协调部门关系、接轨国际的基础性工作，将为进一步推进关检"三个一"、联合查验等改革提供条件。我国在电子口岸建设的基础上，开展了"单一窗口"的试点工作，实现了通关信息的单一接入，效果显著。各部门通过"单一窗口"实现了信息共享，平台协调能力与整合功能不断增强，逐步向部门间资源共享与协调合作方向发展。

① 陈立. 试论海关推进口岸"三互"大通关改革的困境与策略［J］. 海关与经贸研究，2016（4）：63 – 72.

"单一窗口"建设有利于推动国内"三互"改革，提升部门间的合作意识。但是，"单一窗口"模式不单依靠技术创新，功能的进一步深化还涉及对口岸执法流程的调整、机构的整合，因此需要体制改革与相关法律法规的配合。当前南沙自贸区"单一窗口"基本完成统一端口的一期工程建设，但在业务整合、口岸部门互通共享方面，仍存在众多限制性因素。南沙自贸区的未来发展除技术因素外，更需要体制机制、法律法规的完善，以发挥单一平台的互联互通作用。

（3）建立合作共享机制。

自由贸易环境下大量贸易、金融、文化因素的交织，使得口岸监管形式必须由过去以海关为主的"点"，向以各部门协作的"面"发展。自国家提出"三互"大通关口岸建设以来，各地推进改革的热情甚高。但要意识到，"三互"改革涉及部门的权利和利益分配，执行过程需要处理好机构间的协调问题；长久以来各部门内部自成体系的状态难以打破，合作共享机制有待进一步推进。首先，各口岸部门均设立了一套自成体系的管理法规，部门间制度难免会出现交叉、矛盾与脱节，是口岸效能的限制因素，也成为改革推进的难点。其次，在通关便利化建设过程中，各部门习惯于单打独斗，单一部门的制度"微创新"得到较大发展，但跨部门的制度性改革进展缓慢，部门间合作意识较为淡薄，极大地限制了便利化措施的实施效果。再次，由于存在部门利益，各口岸部门联合监管与资源整合往往以不影响自身利益为前提。当前信息互换、共享与使用程度呈"蜂窝煤"状态，部门间全方位的合作、互助短期内还难以实现。最后，口岸管理设施与资源的共享远未实现。口岸部门间缺乏资源共享平台，硬件设施重复建设现象严重，口岸服务需求增加与人员编制紧缩的矛盾不断加剧。

"三互"模式改革是对各口岸部门权利与利益的整合行为，在电子口岸建设与"单一窗口"推进的背景下，切实推进通关口岸的合作共享，迫切需要建立一套行之有效的互通共享机制。一是通关服务创新有赖于规范机制的保障。"三互"改革需要规范合作内容与方式，明确各口岸部门可共享的资源范围，规范合作空间，对涉及部门权利与利益的核心问题通过立法加以明确，保证"三互"政策的实施有据可依。二是需要为口岸部门改革注入动力。各级政府有必要将大通关合作纳入行政考核范围，在改革中尽量协调部门间的利益，尊重各部门的原有利益，建立利益共享与分配机制，通过互助提高各部门的监管水平，提高各单位落实"三互"的积极性。

（4）转变口岸部门服务理念。

"三互"模式的实现与推广，除顶层设计、组织协调与技术突破外，更依赖于各部门执政理念的转变。南沙自贸区通关系统正经历由重监管向重服务转变的阶段，通关环节设计、监管人员的服务意识等仍有待提高，各口岸部门需对照世界贸易组织、TTP等相关国际贸易规则，提高自身服务水平。一方面，"三互"原则的提出，旨在服务于企业的通关便利化，这意味着"三互"改革的实现，势必要求口岸部门与企业的关系由监管向服务转变，以更好地服务企业为改革的出发点与落脚点。另一方面，基于服务理念，口岸部门间应从各自为政向战略同盟转变，弱化部门利益，树立联合改革意识，实现资源的有效整合。

就世界各国的发展而言，转变口岸部门与企业关系，形成互利共赢、深度合作态势，是促进贸易便利化的有效途径，同时也将实现贸易安全的提升。一方面，口岸部门的制度设计应当充分考虑企业的需求，可借鉴美国与新加坡等国的做法，运用政策法规明确政企关系，通过制度设计保证商界的有效参与。同时，参考TPP的制度设计，针对当前国内的商业环境，制定便利中小企业的口岸政策，有效促进我国进出口贸易的发展。另一方面，应推进简政放权的深化发展，赋予市场主体更多主动权，让企业真正参与到改革的设计过程中，以保证制度设计的有效性。企业是通关便利化的直接受益者，其参与有利于配合与监督海关的改革工作，为制度设计提供实质性建议。

二、对接国际标准的"单一窗口"信息共享建设

综合国际、国内发展趋势而言，建立与国际接轨的"单一窗口"制度，是提高通关效率，推进自贸区贸易便利化的重要环节。我国正积极推进"三互"大通关建设，在自贸区政策背景下创新通关便利化机制，旨在建立与国际接轨的口岸管理模式，以进一步提升国际贸易竞争力水平。

我国"单一窗口"的建设有其现实背景与技术基础。一方面，自贸区发展带来的大量贸易流量，对国内通关水平提出了挑战；另一方面，信息化"智慧口岸"的建设，成为"单一口岸"发展的坚实基础。在此背景下，借鉴发达国家的成功经验，探索适合我国的"单一窗口"模式与发展方向，将成为我国进一步推进大通关建设的重要突破口。

（一）国际"单一窗口"模式

"单一窗口"概念伴随着国际贸易的发展而产生，是指依托信息集约化和自动化处理，通过部门协调或整合，简化监管部门间的信息流程，实现一次单一窗口申报，最大限度简化通关手续，为贸易商提供便利的措施。"单一窗口"建设旨在增强信息的可用性，提高各通关部门间的数据协调与共享，是世界各国现代化口岸管理的主流模式，因其高效性与便利性得到了众多发达经济体的认可。各国在推进贸易便利化的过程中，基于国内制度环境与经济社会发展水平等因素，相继建立起了符合本国国情的"单一窗口"模式。

根据联合国贸易便利化和电子商务中心（UN/CEFACT）的分类方式，目前各国"单一窗口"建设主要分为单一机构、单一系统与单一平台三大基本模式。

1. 单一机构

单一机构模式是"单一窗口"的高级形式，指由国家指定一个部门或机构总揽国际贸易事务，对接收到的进出口贸易申报数据进行处理，并向其他部门传递信息，协调对外贸易过程中的监管工作，实现对国际贸易实体管理部门的整合。该模式的特点是机构高度集中、系统单一、协调高效，但对部门整合要求较高。

2. 单一系统

单一系统模式是指通过建立资料搜集与传递的统一信息系统，处理进出口通关业务，将整合的国际贸易数据分送各监管部门进行处理，最后将结果再次通过系统反馈申报人。信息系统主要分为三大类型：综合处理系统，通过该系统对信息进行一体化处理；共享界面系统，将数据分送至各相关机构处理；将上述两大板块合二为一的系统。该模式下，进出口企业只需一次性向系统输入标准化资料，由系统分发至相关部门处理，避免了大量重复工作。其主要特点是系统统一，机构独立。

3. 单一平台

单一平台模式是指通过搭建公共平台连接政府部门与相关进出口企业，协助传递贸易数据与处理结果，只接收、传递信息，不进行数据处理。该平台通过对各监管机构的系统整合，使业务在不同机构间实现一次性申报，提高部门间信息流、业务流的共享，为贸易商提供一站式服务体验。该模式最大的特点是基于分散机构进行系统集成，无须改变现有政府部门的组织架构与处理系统，而是通过系统集成，实现通关数据共享。该模式适合组织机构复杂、系统互联程度低的国家进行"单一窗口"模式尝试。但需要指出的是，单一平台模式自身具有局限性，其成本降低与效率提高幅度有限，只是一个阶段性的局部改革成果。

总体而言，成功的"单一窗口"模式应满足四个基本条件：一是实现一次申报，企业只需一次性向有关部门提供申报资料；二是通过单一平台申报，运用统一的平台或界面对信息进行一次性处理；三是实现数据的标准化，通过统一表格、申报材料，实现信息共享；四是满足政府和企业在通关领域的各方面的需求。

（二）主要国家的"单一窗口"建设

1. 新加坡

新加坡是"单一平台"模式的典型代表。20世纪80年代，基于外贸推动型经济发展的需要，为应对经济危机的影响，强化贸易中心地位，新加坡以改革促发展，制订了国际贸易信息化计划，旨在简化通关手续，促进贸易便利化。

新加坡"单一窗口"的发展经历了三个阶段的更迭。

早期的微型电子平台是在手工作业基础之上的技术突破，虽然自动化程度较低，覆盖面小，只惠及少数贸易商，但满足了经济危机之下新加坡提升通关效率的迫切需求。

TradeNet 贸易网建设的启动是新加坡"单一窗口"建设的第二阶段。该阶段通过设立专门机构进行大量调研，将整个贸易流程业务融于一份表格，实现了通关数据的标准化，节省了 40% ~60% 的通关费用。新加坡政府改革进出口审批制度，通过贸易网实现一次申报、多部门审批。该措施使 TradeNet 成为世界上首个连接公共部门与贸易商的国家级申报系统，最大限度降低申报信息重复率，实现了单证由手工生效到自动生效的过渡，大大提升了新加坡的国际贸易竞争力。

第三阶段是 TradeXchange 集成贸易平台的商贸通计划，其于 2007 年正式上线，打通了企业与政府部门之间的信息交流，成为全国性的贸易与物流 IT 平台。

纵观新加坡"单一窗口"建设历程，主要有以下几方面特点：

（1）在组织形式上，新加坡通过设立跨部门领导与合作委员会，组织与协调"单一窗口"建设工作，为建设项目提供保障。通行的做法包括成立多部门合作机构——文件流程整合委员会，对报关文件进行标准化设计；由贸发局牵头成立管理委员会，负责搜集与协调各部门的承诺与意见，解决存在的关键性问题。

（2）在发展阶段上，新加坡"单一窗口"建设循序渐进、目标明确。新加坡提出建设"单一窗口"是基于当时的经济环境，旨在解决面临的突出问题。因此，第一阶段"单一窗口"建设紧扣满足政府与企业需求的目的，选择部分贸易商作为试点，在现有技术水平下降低成本、提高效率。贸易网的上线也采取逐步推进的方式，最初以非管制商品作为试点，此后逐渐扩大范围，直至覆盖所有贸易商品。从长远来看，新加坡"单一窗口"建设逐步推进，不断完善，各环节紧密相扣，均服务于打造现代化国际贸易中心这一终极目标。

（3）在技术与制度创新上，新加坡海关在企业风险分类管理的基础上建立了风险管理网络系统，为企业设置身份代码，运用后台数据实现了对企业、货物的电子审查，有效应对了指数增长的通关业务需求。新加坡作为港口自动化电子网络建设的典型案例，通过一系列技术与制度创新，将电子口岸的优势发挥到极致，成为世界上最高效的港口。新加坡技术的突破创新、流程的优化设计、系统的高度整合能力，均值得中国借鉴。

2. 日本

日本是"单一系统"模式的典范，通过构建一个统一系统完成各监管机构贸易数据的整合。

日本的"单一窗口"建设以 NACCS 系统为基石。NACCS 是日本的货物与港口自动化综合系统，在 20 世纪 90 年代已发展成为覆盖日本所有海关程序的服务系统。2001 年在"盐川计划"的推动下，NACCS 完成了向综合系统的转变，可通过一次数据转换处理各部门的通关手续。NACCS 作为日本通关系统的核心，为"单一窗口"的发展奠定了坚实的基础，成为"单一窗口"平台的核心。

日本"单一窗口"建设方式是以海关 NACCS 系统为核心，通过各部门系统的对接与整合，形成"单一系统"格局。起初，日本以"单一平台"模式为目标，将 NACCS 与厚生劳动省食品自动化进口通知与检验网络系统（FAINS）等基础性部门对接，使用户可以通过一个客户端接入平台。此后，随着"单一窗口"建设的推进，日本意识到"单一平台"模式的局限性。基于长远发展考虑，其调整发展路径，逐渐向单一系统方向转变。NACCS 陆续连接农林水产省的动植物检疫系统、进出口许可证处理系统等，将服务拓展至进出港口程序，建立起港口与政府部门间的 EDI 系统，打造公私部门对接平台。自 2003 年以来，日本在系统并入的同时，开始了空运、海运、EDI 等各大系统的整合工作，启动了真正意义上的"单一窗口"建设。自此，日本"单一窗口"逐步形成了基于 NACCS 系统，整合跨部门、多领域，能够提供进出口一站式服务的"单一系统"模式。

日本在"单一窗口"建设的过程中，除 NACCS 的核心系统模式外，制度设计也是其中的一大亮点。首先，法定授权海关作为"单一窗口"建设的唯一领导机构，借助海关在进出口贸易中天然的信息、法律地位优势，为系统构建提供强大的推动力量，也强化了机构间的协调与整合力度。其次，日本以立法形式，通过法律保障"单一窗口"的持续推进。日本先后颁布了《空运货物海关程序特别法》《特殊法人等改革基本法》，为海关电子化、NACCS 中心地位提供法律保障，规范了"单一窗口"的建设。再次，运用电子化建设，深化风险管理理念在通关过程中的运用，形成各部门、多环节的统一有效监管。最后，通过深化政企合作，调整单一窗口变革思路，使之真正服务于国家贸易发展。日本通过私有化和市场化的运作，转变实际运营主体 NACCS 中心的性质，以强化系统的服务性，充分考虑贸易效率与进出口企业实际利益，优化管理流程，使便利化改革更符合企业的利益诉求。

3. 瑞典

瑞典采用的是效率最高的"单一机构"模式。该模式的建立与瑞典自身的机构设置以及信息技术的发展密切相关，其服务社会与企业的理念是"单一窗口"建设成功的关键性因素。

"单一机构"模式的设立需要一个强有力的部门作为主导，统管进出口贸易的各项业务。早在"单一窗口"建立之前，瑞典海关在通关事务中就扮演着"代办人"与"总管机构"的角色，代理国家商务部、统计部等部门在口岸的服务职能。对不涉及许可证件管理的，海关在系统自动处理后，会将信息转送至相应部门整理与使用；而对涉及许可证件管理的，系统则将信息直接发送有关部门处理。

同时，海关信息系统——虚拟海关系统（VCO）的开发，从技术上强化了海关在进出口通关业务中的主导性。VCO系统是由瑞典海关主导，为国际贸易服务而开发的管理系统，能够处理包括进出口电子报关、许可证查验、物流信息、税收征管等在内的一整套国际贸易流程，其强大的整合功能为瑞典的"单一机构"模式奠定了基础。通过VCO系统，进出口企业只需一次性向海关申报相关信息，即可实现一站式报关，由海关代表税务、贸易统计、许可证管理等部门行使管理职能。

在模式选择之外，瑞典"单一窗口"最大的特点在于其用户导向的服务理念。不同于日本的私有化发展，瑞典"单一窗口"运营始终是以政府为主导，但在提供有效服务，提升用户满意度方面却毫不逊色。瑞典"单一窗口"充分考虑不同类型企业的需求，为大中小企业提供个性化服务；集150多项服务于一体，最大限度提高通关效率，为企业提供便利服务；降低接入门槛，透过VCO系统实现信息的高效流通；支持10种不同语言，满足各国企业业务办理需求；电子报关做到90秒内及时答复，在手续耗时较长的情况下，企业可选择通过电子邮件接收频繁更新的业务信息；系统为用户提供完整、实时更新的贸易法规、交互式培训课程等，方便贸易商按需查找信息。以上一系列用户导向的制度设计，体现了瑞典政府的现代化服务理念，同时通过扩大用户范围，使瑞典"单一窗口"建设具有广泛的影响力，从实质上提高了国家的贸易竞争力。

（三）南沙自贸区"单一窗口"建设展望

1. "单一窗口"发展历程与现状

中国"单一窗口"建设起步较晚，但发展过程与大多数国家类似，是基于信息技术的发展与国际贸易的推动，在国内电子口岸建设的基础之上发展而来。如图5-3所示，1998年电子口岸首个跨部门联网核查应用项目——"进口报关单联网核查系统"的开发，开启了中国电子口岸的建设进程。至2012年，电子口岸得到初步发展，汇集了多部门数据，实现了跨部门的数据交换、联网核查，但由于国家推动力度不大，进展相对较为缓慢。2012年7月，国务院办公厅发布了《电子口岸发展"十二五"规划》（国办发〔2012〕41号），将电子口岸的发展上升为国家战略，其重要性逐渐凸显。在国家的大力支持下，2014年电子口岸建设的标准化、规范化水平得到了大幅提升。2014年《落实"三互"推进大通关建设改革方案》（国发〔2014〕68号）的出台，为电子口岸向"单一窗口"的跨越式发展提供了制度依据。同年，上海依托电子口岸率先开展试点工作，探索了适合我国国情的"单一窗口"模式，为"单一窗口"在全国的推广提供了大量可复制经验。

南沙自贸区"单一窗口"建设是上海试点经验复制推广下的发展和创新。一方面承接了上海"单一窗口"建设的基本模式；另一方面，众多机制体制创新，为各地试点工作提供了大量首创的可复制经验（如图5-3所示）。

总体而言，我国"单一窗口"建设处于初步探索阶段，发展速度极快，创新性强，系统功能不断完善，大部分试点地区实现了由1.0至2.0的更新换代。但其与国际水平相比仍有较大差距，技术、组织与制度等方面仍有待发展与完善。南沙的发展有必要借鉴国际"单一窗口"建设的成功经验，实现国际对接。从国内来看，上海"单一窗口"建设起步较早，目前推出了3.0版服务系统，对接23个监管服务部门，涵盖33个服务项目，涉及通关的各环节，其发展最为成熟，值得南沙借鉴。此外，上海正进一步探索建设亚太地区"单一窗口"，为南沙片区"单一窗口"的发展指明了方向。

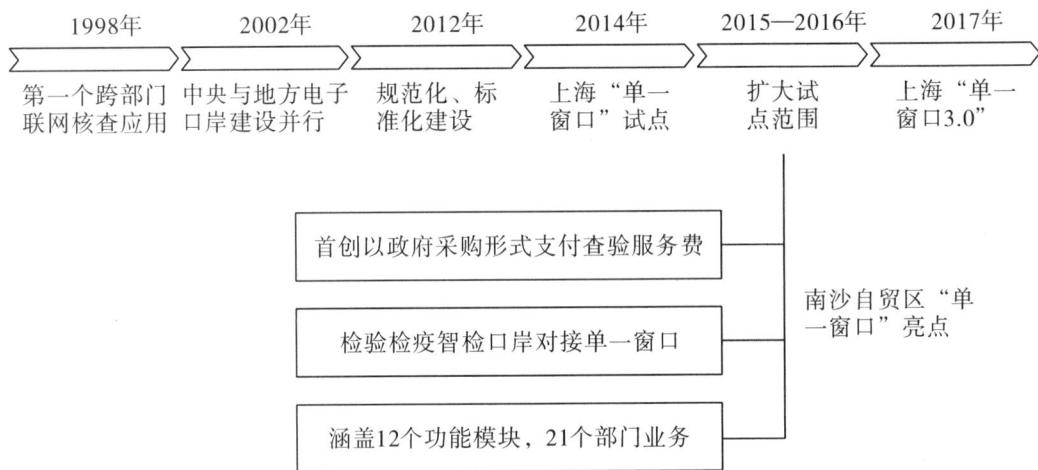

图5-3　中国"单一窗口"建设进程

2. "单一窗口"建设的制度性启示

（1）"单一窗口"模式选择。

基于国情与长远发展需要，我国"单一窗口"建设应以单一系统模式为目标。我国口岸部门众多，中央与地方职权交叉，部门横向联合基础差，"单一窗口"建设初期应尽量避免涉及部门重组。新加坡的单一平台模式虽不涉及部门整合，效率高，可操作性强，但较适用于新加坡这类以转口贸易为主的国家，在我国实行效果有限。因此，基于长远发展角度考虑，"系统单一、机构分散"的单一系统模式是我国"单一窗口"的发展路径，未来系统的建设应在平台搭建的基础上，将重点工作转向提升部门间协调性，促进公私部门的合作。

（2）国际标准化数据元建设。

建立与国际接轨的标准化数据元是单一窗口进一步发展的前提。

从国际上看，包括世界海关组织（WCO）、APEC 等在内的国际组织在推进国际贸易便利化建设的过程中，均以协调各国海关制度与电子口岸建设的标准化建设为主要途径，提高各国海关行政效率与合作水平。

从国内来看，一方面，对外开放条件下自贸区的发展越来越需要对接国际。上海"单一窗口"概念正向国家间的互联互通拓展；同时，国内跨境电商的快速发展，使得国际海关合作必要性日益凸显，标准化建设将成为今后南沙单一窗口的努力方向。因此，接轨国际的标准化数据录入作为实现国家间窗口对接的前提，对"单一窗口"建设至关重要。另一方面，目前国内各试点单位均拥有各自独立的信息化系统，发展情况不尽相同，难以实现真正意义上的信息互通，急需建立统一的基础数据元格式，以实现真正意义上的"单一窗口"建设。

综上所述，无论基于国内整合还是国外业务拓展需求，国际标准化数据元建设都是打破我国"单一窗口"发展瓶颈、提升系统效能的关键。

鉴于当前我国数据录入缺乏统一规范的问题，2017 年 1 月，国家口岸办在北京组织各部门业务与技术骨干开展"单一窗口"标准版建设与数据协调工作，形成《国际贸易"单一窗口"数据元目录（运输工具）》。这意味着我国"单一窗口"标准化数据元建设工作已逐步展开。我国未来的发展需要借鉴新加坡、美国等国的经验，逐步开展推进工作；还需根据我国国情，建立强有力的组织协调机构，建立沟通协调机制等。对于南沙自贸区而言，除了积极配合国家"单一窗口"标准版的建设工作外，可从技术与制度方面考虑未来数据元集的应用与推广工作。

（3）法律体系建设。

法律支持是"单一窗口"正常运行的重要保障。"单一窗口"建设是一个系统性的整合工作，在其发展过程中不可避免地会对原有的管理体制、模式与利益造成冲击，从而需要面临一系列法律问题。跨部门协调、数据共享、组织机构设立等变革，均需要法律的规范、支持与保障，以应对可能出现的争端与责任归属问题。因此，美国、新加坡、日本等发达经济体在"单一窗口"建设中均重视立法的作用，日本更是推崇"立法先行"原则。

表5－4　美国、新加坡、日本"单一窗口"法律体系建设

国家及组织	法律文件	主要内容
美国	《海关现代化法案》	支持海关业务流程的现代化
	《海关法》	1411条：原则上所有联邦机构因货物进口和出口结关或许可需要文件资料的应加入ITDS系统
欧盟	《现代化海关法典》	以高层次立法保障"单一窗口"建设的规范化发展
新加坡	《证据法》《电子贸易法》	保障"单一窗口"的运行
日本	《空运货物海关程序特别法》	以立法形式保障海关程序电子化发展
	《特殊法人等改革基本法》	明确NACCS中心的法律地位，并提供运作规范

　　总结各国的立法实践，"单一窗口"的法律体系主要包括以下几个方面：一是"单一窗口"制度与领导机构法律地位的确认，二是机构整合过程的法律保障，三是通关程序电子化的法律认可。此外，在中国传统行政体制下，如何协调部门间的既得利益，以实现数据共享，是"单一窗口"建设的难点与痛点。法律体系的构建需要考虑"单一窗口"数据共享的情况下，信息交换的安全、透明，以及数据所有权的归属问题，通过立法解决电子数据交换与收集的法定授权问题。当前我国立法落后于海关程序的发展，《海关法》对电子化的规定仍限于"无纸化"，缺乏对电子化报关的系统性规定，难以为解决现实中可能遇到的问题提供指导。

　　南沙口岸作为自贸区对外开放的关口，面临着十分艰巨的通关改革任务。在政策的支持下，南沙口岸已进行了一系列的通关创新，"单一窗口"建设进展迅速。但由于涉及众多部门间的数据共享与合作问题，环节复杂，需要处理好协调工作，急需建立一套适合南沙口岸信息化发展的法律体系与争端解决机制，保障口岸变革的规范化发展。

　　（4）完善政府部门协作机制。

　　对于"单一窗口"而言，制度突破的难度远大于技术。除统一标准与完善立法外，强化部门间协作也是提升"单一窗口"效果的有效手段，是各试点地区工作的重点。我国口岸监管部门众多，数据的管理权限不一，单一系统的建立需要处理好部门间的协调整合工作。从各国实践来看，真正意义上的"单一窗口"建设绝不限于系统平台的建设，势必触及部门间的业务重塑。部门间协调整合工作的推进，可以借鉴新加坡、日本的做法，由强有力的领导负责协调部门利益与职权关系，使"单一窗口"的一体化模式逐渐取代传统监管系统，实现监管部门间"三互"的落实，使"单一窗口"建设成为一个组织体系上的变革与创新。

（5）进一步完善"单一窗口"功能板块。

南沙自贸区"单一窗口"系统已实现由 1.0 版向 2.0 版的升级。与 1.0 版相比，升级版增加了包括国际邮件快件、企业资质、物流服务等在内的 8 个功能模块，涵盖了 21 个部门业务。目前"单一窗口"建设朝实现"一个门户入网，提供一站式服务"的方向发展，需要不断拓展服务内容，加快部门信息系统整合，以实现口岸通关环节的全覆盖。在技术上，需要充分发挥信息技术对通关处理与风险控制的提升作用，借鉴新加坡的口岸电子化发展经验，建立强大、高效的信息处理系统与自动化风险分类管理系统。同时，随着跨境电商的发展，"单一窗口"建设目标需要拓展至国际范围的信息共享与互联互通，国际化联网将是"单一窗口"新的发展方向。

三、"一带一路"与跨境电商发展环境下的国际海关合作

（一）南沙口岸海关合作发展现实条件

国家间海关合作是一种以简化协调海关程序、加强安全协作、提高信息交流与便利化为目的的跨国合作机制，在提高风险管理水平的同时，简化通关程序，提高监管效率。海关合作往往通过共同推进安全项目、制度标准化建设、建立互认标准、建立查验互认机制等方式进行，以实现安全快速通关的目的。在"一带一路"建设的背景下，我国尝试与部分沿线国家建立了口岸查验互认机制，凭协议国家签发的凭证，直接放行入境，极大地提高了海关的行政效率。该机制既是"一带一路"建设下的制度创新，也是依托"单一窗口"平台，对"三互"大通关改革的进一步深化，同时为跨境电商快速发展下自贸区提升口岸通关能力提供了解决思路。

1. 跨境电商的发展

我国自 1997 年开始探索建立跨境电子商务，经过 20 年的发展，跨境电商进入稳步提升阶段。如图 5 - 4 所示，市场需求与交易规模迅速扩张，占国际贸易规模比重逐年攀升，在我国对外贸易中的地位日益突出。

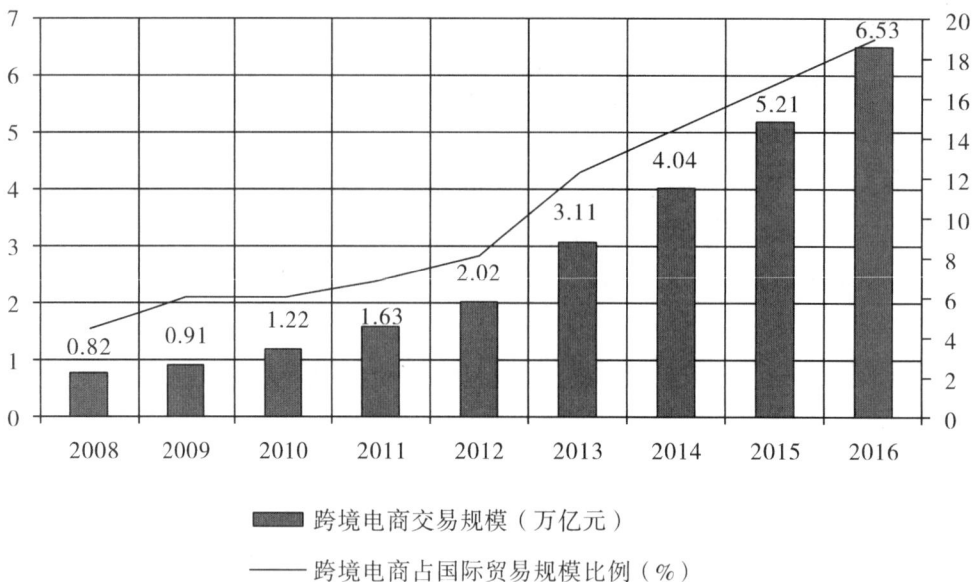

图 5 - 4　我国历年电子商务交易情况

从国内来看，广东跨境电子商务的发展领跑全国。广东作为对外贸易大省，进出口贸易在全国居领先地位，其宽松的政策环境、丰富的经验、成熟的制度设计、人才的汇集，为跨境电商的发展提供了相对成熟的基础环境。2015年广东自贸区的设立，其对接港澳的定位，为该地区带来了更高水平的对外开放，吸引了大量跨境电商的入驻，为跨境电商带来了新一轮的发展机遇。

跨境电商的快速发展对国内的口岸制度发起了挑战。长期以来，物流配送时长一直是限制跨境电商的重要因素，其关键点在于通关效率低下，海关监管难度大。

跨境电子贸易通关效率的提高需要应对三大问题：一是跨境电子贸易的物品运输批量小、订单分散、周期短、频率高，其交易需要频繁涉及海关监管与征税，在贸易规模迅速扩大的情况下，海关通关压力较大；二是相较于传统国际贸易而言，跨境电商交易产品种类多、变化快，对海关风险监管能力提出了更高要求，海关人员需要对货物进行严格检查，而这又会降低通关率，使得快速通关难以实现；三是跨境电商在通关过程中会遇到国家间报关、报检等各环节标准不一致的问题，使跨境电商的物流环节更为烦琐。

面对新业态的发展要求，各口岸需要进一步提升口岸通关水平，变革通关制度，以协调跨境电商发展带来的通关问题。这对于身处贸易大省的南沙自贸区而言，是一大机遇和挑战。面对跨境电商发展环境下的口岸通关问题，各口岸部门需要深化通关制度变革，将"三互"大通关体系由跨部门、跨地区拓展至跨国合作，发展国家间口岸查验互认机制；同时，以信息化为手段，借助"单一窗口"平台，实现互联互通，提高通关效率。

2. 南沙自贸区配合"一带一路"发展需要

南沙是广州的海上出口，是建设21世纪海上丝绸之路的重要支点，也是对接"一带一路"的改革高地。一直以来，自贸区以高水平对外开放为目标进行了一系列制度创新，旨在构建与国际投资贸易通行规则相衔接的制度框架。在"一带一路"的推动下，南沙自贸区面向全球的战略定位日益突出。

"一带一路"与自贸区发展相辅相成，都是国家加强对外开放与合作的重大战略。自贸区作为"一带一路"发展的窗口，通过制度创新、接轨国际、便利贸易，营造良好的投资商贸环境，为"一带一路"建设提供国际合作的开放服务平台。反之，自贸区对外贸易的加强，需要充分利用政策优势，借助"一带一路"战略，拓宽发展方向，以加强与沿线国家间的交流协作，深化合作领域，实现自贸区的发展目标。自贸区的发展需要加强与国家战略的有效对接，探索与"一带一路"相融合的发展模式。

南沙自贸区自设立以来，通过主动融入"一带一路"建设，深入参与沿线跨区域合作交流项目，以发挥自贸区的政策优势。2016年12月，"一带一路"国际产能合作国家级战略平台落户南沙自贸区，进一步推动了南沙的对外开放。在"一带一路"的推动下，未来南沙的发展将加快国际开放与合作步伐，与沿线国家的贸易合作往来将日益频繁。在通关领域，南沙需要良好的制度准备，通过加强国家间通关合作，深化"三互"大通关改革，建立跨国查验机构互认机制，以期为国际贸易提供更加便利化的服务。通关合作是南沙对接"一带一路"建设的重要举措，同时也是南沙"十三五"规划的主要任务之一。

3. 南沙通关制度对接国际的深化发展

跨国口岸查验机制的提出依托于国内"三互"大通关改革与"单一窗口"平台建设，是通关制度改革的进一步发展和延伸。当前国内"三互"大通关建设不断推进，实现了关检合作"三个一"，跨部门、跨地区的口岸合作模式日益成熟；各地"单一窗口"试点范围不断扩容，系统功能日益更新完善，国家间"单一窗口"互联互通建设开始提上议程。基于对外开放及适应新业态发展的需要，国内通关制度不断完善，逐渐朝对接国际的标准方向发展。在国内大通关改革稳步推进的条件下，加强国家间的海关合作，建立口岸查验互认机制，是深化国内通关改革的需要，也是通关制度迈向国际化的重要突破。

（二）海关合作机制经验借鉴

1. 国际海关 AEO 互认机制

AEO（经认证经营者制度）是一个国际化的企业认证体系。国际贸易供应链上的企业及合作方只要满足国际供应链的安全标准和要求，即可成为 AEO 认证企业。认证企业将被纳入国际化企业识别系统，得到国际认可，获得如快捷通关、市场准入等便利化优惠服务。目前已有众多国家建立了适合本国国情的 AEO 制度，但由于安全投入成本高，很多国家仍处于学习探索阶段，贸易便利的效果未能发挥。国际海关的 AEO 互认是对该制度的进一步发展和应用，显著提高了跨国通关便利的制度效果。AEO 标准在国家间的广泛运用，在为认证企业带来益处的同时，也成为各国海关合作互认的切入点。各国通过标准化建设，实现协议国之间海关监管的结果互认，减少了国家间海关的重复查验，极大地提高了口岸进出口通关效率。

　　AEO 互认机制的产生源于欧盟法律框架下的相互承认原则，该原则的提出主要是针对欧盟市场一体化下的贸易便利化问题，而后通过推广运用，成为欧盟重要的监管理念，运用在各国贸易关系中，并逐渐向国际化延展。在贸易往来中，欧盟十分重视与其他国家建立基于相互承认的贸易便利化关系，其以促进贸易发展为导向，以互相承认原则为基础，建立了一套较为完善的国家间协调合作机制，以此促进海关国际合作，保护合法贸易的畅通高效。在互相承认原则的基础上，欧盟实现了盟区内的 AEO 互认，促进了欧盟内部国家间的贸易便利化，同时将合作拓展至区外国家，与美国、日本等国签署了 AEO 互认合作协定，成为实现欧盟与各国海关合作的敲门砖。

　　欧盟在 AEO 互认的实践较为成功，其与美国的互认协议是其中的典范。欧盟与美国的 C-TPAT 计划差异较大，在漫长的实践过程中，主要通过逐步推进的方式，基于全面的评估，通过相互协商，进行有效的信息交换与对话，以协调国家间的体制差异问题，保证互认的可行性。首先，欧盟与美国就海关合作与互助签订协议，主要包含建立共同安全标准与两大机制的比较分析这两项任务。此后，通过对两国机制进行可行性评估，建立相互承认的法律框架与信息交换渠道，在明确两国间存在互认基础后，才签署正式的 AEO 互认协议，规定互认机制的具体安排。欧盟建立的海关互认机制，及其在海关互认协议推进工作中的实践经验，为 SAFE 框架下互认机制的完善，以及各国推进海关合作，提供了良好的借鉴。

　　2. 基于安全与便利化的多边海关合作

　　当今国家间海关合作有两大重点：一是沿袭海关的传统职能，加强口岸安全合作；二是加强海关间以互利共赢、促进贸易为目标的协调配合。《全球贸易安全与便利标准框架》通过设置各成员国必须接受的最低安全标准，提高海关的甄别能力，在保证安全的前提下，最大限度地提高合法货物的流通速度。从各国的实践来看，随着国家间贸易往来的日益密切，各国海关联合执法，在加强口岸安全合作的同时，也提高了通关的便利化水平。

　　美国海关的国际合作一方面以保障安全作为首要任务，在伙伴国间积极推进其主导的贸易安全项目；另一方面善于借助国际合作平台，提升本国的贸易便利化水平。美国海关的主要合作对象包括国际组织和外国政府两类。在国际组织上，美国积极参与同 WCO 等组织的合作，利用国际平台推动本国制度的国际化，积极争取建立保证国际贸易安全便利的多边合作机制。该举措有利于保护美国的贸易安全和利益，也便利了美国同其他国家的进出口贸易。此外，美国也积极开展与各国政府的海关合作，与主要贸易国家进行了协调与谈判，推进跨区域自由贸易区合作，保障口岸的安全监管，同时扩大国际影响力，巩固其贸易大国的地位。

欧盟海关合作向来以服务贸易为重点，主要通过加强双边与多边合作，提高其国际影响力。在互认标准上，欧盟不断推进 AEO 国际互认，以提高欧盟 AEO 标准的国际化水平，通过强化与贸易伙伴间的信息互换，从而加强国际合作，推动跨国海关的联合行动。此外，欧盟通过建立风险管理框架安全合作区域，推动多边国家在风险管理领域的海关合作。欧盟的一系列举措在加强风险管理、提高贸易便利化的同时，也提升了海关制度的国际影响力。

（三）我国口岸合作机制建设概况与优化建议

1. 我国口岸合作机制概况

我国在国际海关合作中率先倡导"三互"海关合作模式，分别与欧盟、美国、日本、俄罗斯、东盟等国家和组织建立了海关合作，在不同程度上就加强国家通关安全，推进贸易便利化发展达成了共识。中外海关合作随着"一带一路"的发展不断推进。在政策的推动下，我国强化了与沿线国家的口岸合作，建立了查验互认机制，以简化进出口通关手续。2009 年，中国边境省市陆续与哈萨克斯坦、蒙古开展了联合监管的合作项目；2014 年，中俄海关启动了监管互认项目，实现了特定口岸、特定商品的快速通关；2015 年，海关总署发布的"一带一路"建设实施方案提出，要着力加强国际海关合作，促进与沿线国家口岸执法机构的机制化合作，畅通互联互通的大通道建设，从政策上高度重视国际口岸通关合作；2016 年，广西依托"单一窗口"平台，与越南建立跨境监管执法协调机制，深化边境合作。我国与"一带一路"沿线国家的海关合作互认机制稳步推进，为"一带一路"的建设与加强沿线国家贸易往来创造便利、友好的通关环境。

自贸区作为中国改革的创新区，为加强国家间口岸执法合作展开了许多制度创新。广东自贸区的建设以其在粤港澳合作与海上丝绸之路建设的地理与经贸为优势，不断深化与周边国家、地区的通关合作，加快制度创新。在海关监管方面，广东自2010 年 5 月正式启动了粤港澳"扩展陆路货物查验结果参考互认合作"和"扩展水运货物 X 光机查验结果参考互认合作"的快速验放模式。广东自贸区设立后，扩大了

"绿色关锁"范围，将其由陆路口岸延伸至海空港口岸，逐步推进粤港澳的监管互认、数据共享机制。2016年5月，广东横琴自贸区启动"珠澳陆路口岸小客车检查结果参考互认"新模式，创新了口岸查验结果互认机制。2016年《南沙"十三五"规划纲要》强调积极参与"一带一路"港口建设，推进粤港澳的通关互认，探索沿线国家口岸查验机构互认机制，打造以南沙港为纽带并通达国际市场的出海大通道。

2. 口岸合作机制建设的优化建议

（1）加强国家间海关信息互换。

电子技术在口岸管理中的应用，使大部分国家实现了口岸信息化；加之跨境电商发展带来的海量通关数据，也对海关通关信息化、海关间信息互换提出了挑战。从国际合作来看，TPP在海关合作方面强调成员国之间海关电子信息的交流互换以及在技术上的合作；从国内来看，我国在国际海关合作中主张"三互"原则，将信息互换作为一项基本工作推进。可见，信息互换是海关行政互助的重点，是安全与便利化工作的结合点，有利于应对由日益繁忙的国际贸易、跨境电子商务等带来的执法压力，保障海关的高效执法、通关安全与便利化。对于中国而言，在"单一窗口"取得突破性进展的基础上，打造国际版"单一窗口"功能，是海关信息交换在技术领域的发展方向。在制度上，需要重视信息互换领域的法律建设，加强国家间的协商，达成有关信息互换的共识，运用法律、制度与协议保障信息互换的规范性与合法性。

（2）推进AEO互认机制。

我国在SAFE框架下积极推进AEO互认机制。早在2006年，中欧在"安智贸"航线试点计划的基础上，逐步启动全面的AEO互认工作。此后，中欧、中韩、中新之间相继实施AEO互认安排，中美、中日间联合互认工作也在不断推进。预计2017年，中国将加快推进互认协议的签订工作，加强国家间的海关合作，为双方企业提供通关便利。其中，与"海上丝绸之路"沿线国家互认工作的推进，将是南沙未来发展的机遇和挑战。

AEO互认是实现国家间口岸检验合作的基础之一，有利于提高风险管理水平与通关便利化。对此，我国进行了诸多尝试，并取得了实质性进展。根据我国当前的实践情况，今后AEO互认的推进需要注重以下几方面。

一是完善国内AEO制度，提高认证制度的兼容性。AEO互认的实质是各国认证标准与程序的对接，为保证AEO互认机制的顺利推进，需要以SAFE框架为标准，与国际接轨，以提高认证标准的兼容性。二是加强口岸部门合作。各口岸部门需要充分利用"单一窗口"平台，强化国际贸易相关部门间的合作与信息传输，保证AEO企业切实享受到便捷通关服务。三是加强海关与企业间的沟通、合作，向AEO企业提供针对性服务，建立海关与商界的合作伙伴关系，实现AEO连通政企的制度优势。四是企业分类制度需要体现中小企业的利益诉求，对处于弱势地位的中小企业提供适当的扶持，以适应新时期我国的商业环境。五是建立 AEO 互认的规范制度。欧美国家在AEO 互认的实践中，均总结出了一套适用于本国的互认规范法律制度，对互认的基础、步骤进行了明确规定。2017 年，中国计划与更多国家签订 AEO 协议，在"一带一路"的推动下，加快推进与沿线国家间的口岸互认工作，而这急需一套制度的规范引导。

（3）发展海关关际、多边合作机制。

中国作为贸易大国，在对外开放的过程中，与众多国家建立了海关合作关系，致力于维护国家安全，促进国家间贸易的通关便利化。但就我国现行海关合作情况而言，合作体系尚不成熟，主要表现为三个方面。

首先，双边合作主要限于总署层面，而忽略了关际海关合作的发展。已有的关际合作包括上海与韩国釜山海关、北京首都机场海关与莫斯科谢列梅捷沃机场海关等，实质性合作内容较少。南沙自贸区在对外开放与"一带一路"建设中具有重要的战略地位，"三中心一体系"建设目标的实现，有赖于建立更广泛的关际合作，深化海关间的"信息互换、监管互认、执法互助"，以畅通贸易进出口，强化安全管理，加强各国友好协作。

其次，关际合作机制尚不健全。国内关于进出口贸易的限制较多，中央与地方的职能交叉问题严重，加之缺乏关际合作的规范性制度等，增加了我国口岸海关合作的难度。自贸区需要发挥其贸易自由的政策优势，探索适合我国的关际合作模式。

最后，需强化我国在区域海关合作中的地位。目前，我国与东盟、中亚海关建立了区域性合作关系，合作范围覆盖简化与协调海关手续、加强风险管理与执法合作、电子信息互换等方面。在我国大通关建设日趋成熟的条件下，有必要发挥国家在区域海关合作中的影响力，充分利用已有经验，强化海关多边合作效果。

第六章　南沙自贸区新型营商环境建设

（颜腾腾：暨南大学产业经济研究院）

从目前的国际大环境来看，当今经济发展的必然趋势是经济的全球化和区域的经济一体化。WTO 经济框架下的多边经贸谈判缓慢甚至停滞，使得区域的经济一体化在全球掀起新一轮高潮。现在普遍存在的国际贸易合作形式是区域的贸易协定。在这样的经济环境大背景下，我国目前已经初步建立了自贸区网络。中国对外经济合作的重要形式是双边贸易，自贸区也已经成为我国对外经济合作的重要平台。2014 年我国政府批准建立中国（上海）自由贸易试验区，完成了由保税区转型进行先行先试的探索过程。2015 年，我国政府又批准了广东、福建、天津三个自贸区，标志着我国自贸区战略发展的基本格局已形成。

南沙自贸区是广东省目前为止地理位置最好且面积最大的自贸区。南沙自贸区地处粤港澳的地理要道以及珠三角的几何空间中心，与港澳的合作源远流长，且合作历来以高端项目为主，因此具有良好的高端合作基础和经验。自南沙自贸区挂牌以来，始终坚持以国家战略引领开发建设，奋力推动南沙发展取得实质性进展；始终以发展为第一任务，推动经济的持续快速增长。

现在，科学技术革命与新一轮的产业革命正在兴起，国际产业链、供应链和价值链正在加速融合。我国经济已进入了新常态，国家深化开展供给侧改革、"一带一路"、自由贸易区、"中国制造 2025""互联网＋"等重大发展战略，为南沙自贸区的快速发展提供了新机遇。南沙自贸区致力于构建与国际投资贸易通行规则相互连接的基本理论框架，创立合适的体制机制，着力打造国际化、市场化、法治化的营商环境。

一、深化重点领域改革，率先营造国际化、市场化、法治化营商环境

南沙自贸区围绕建设全国新一轮改革开放先行地这一目标，以自贸试验区改革创新为引领，对标国际高标准规则体系及营商环境标准，加大体制机制创新力度，充分发挥政府在资源配置中的有效作用以及市场在资源配置中的决定性作用，在全面深化改革的前沿，为改革和商业环境营造制高点。

南沙自贸区要面向全球，打造与国际接轨的营商环境，还要在体制机制创新方面

下很大功夫。只有加大创新力度，对接国际投资贸易规则，建立接轨国际的体制机制，建设公开透明的法治政府、规范公正的司法体制、完善的现代市场体系，才能依托自贸试验区先发优势，高水平打造营商环境新高地。加大体制机制的创新力度，以自贸区改革创新为引领，发挥市场对资源配置的决定性作用，充分发挥政府的有效作用，用政府当局本身的改革来带动一些重要领域的改革攻坚，扩大市场准入，激发市场主体的活力，强化事中、事后监管体系的建设，加强法治环境的建设，在全面深化改革行列中走在前线，打造改革高地和营商环境高地。

（一）积极对接国际高标准规则体系

世贸组织自 1995 年成立以来，一直致力于促进国际贸易规则的快速发展。由于国际经济环境的变化，WTO 固有的规则以及多哈回合谈判的议题已经不能满足外部环境变化的需要。目前国际贸易规则的谈判已经从过去仅限于贸易领域转而向投资领域扩展。国际贸易和投资规则正在三大方面形成：在 WTO 多边贸易体制内，正在推动以《国际服务贸易协定》（TISA）为代表的复边谈判；在 WTO 多边体制外，正在推动以 TTP 和 TTIP 为代表的"巨型"（MEGA）的区域自由贸易协定的谈判；在双边领域，以美国 2012 年双边投资协定（BIT）范本为主导的高标准投资协定正在进行谈判。这些正在进行谈判的贸易投资将通过高门槛的谈判来形成高标准的贸易投资规则。[①]

南沙自贸区营商环境的建设，以促进投资和贸易的便利化为中心，力争与香港、澳门以及国际贸易规则接轨，为中国参与高标准的国际贸易和投资规定提供先试先行的体验，以提高中国在规则制定中的话语权。全面实施负面清单为核心的国内外投资管理模式，积极打造以"单一窗口"为核心，建设开放式创新体系，完善以政府职能重新设立为主旨的事中、事后监管制度。推动国际经济贸易的"单一窗口"走在全国的前列，力争在市场监管、口岸通关、金融创新、法治环境、政务环境、粤港澳合作等关键环节和重点领域率先取得突破，形成一批可复制和推广的新经验，加快形成全方位、高水平的规章制度和对外开放的制度框架。

"十三五"时期南沙自贸区的重要改革事项包括：①创建以智能化通关体系为核心的经济贸易便利化的监管模式，即推动国际贸易便利化进一步发展，扩大国际贸易的"单一窗口"功能，降低国际贸易成本，加大监管信息共享力度，完善跨境电子商品交易监管体系。②建立以"负面清单"为重点的投资准入管理体制，即深化投资管理体制改革，实现内外资"负面清单"共同发挥作用，在推动"证照分离"改革试点以及建立项目综合审批等方面取得重大突破。③建立跨境投资贸易便利化机制，即积

---

① 龚柏华.国际化和法治化视野下的上海自贸区营商环境建设［J］.学术月刊，2014（1）.

极探索自贸区账户管理机制，创新跨境人民币业务，创新监管机制，推动开放式创新，推进适应于粤港澳服务的贸易自由化的金融制度创新，推动投融资进一步便利化。④创建事中、事后监管体制，即加快智慧自贸试验区的建设，打造大数据应用平台，完善事中、事后监管制度，出台综合执法体制改革制度，建设信息信用公示平台，建立试点企业社会责任主动信息披露制度，建立"双随机"抽查制度。⑤完善国际法律体系特别是多元化的商事纠纷解决体系，即有关自贸区的商事案件需完善其专业审理体系，知识产权的管理体系和执法体制也需要重点改善，完善国际仲裁和商事调节的机制，提高我国国际商事调解和仲裁的公信力，提升国际法律的综合服务水平。

（二）加快塑造政府职能

1. 优化行政管理机制

强化创新自贸试验区和行政区的工作机制，最终形成一个各有侧重点、协调联动、高效运转的管理制度架构。

2. 创新行政运行机制

进一步集中执法权，促进自贸试验区的综合行政执法体制改革，改善行政执法的公示制度，提高政府的行政效能。加快建设网上政府，按照打造互联网2.0政务新形态的要求，构建政务服务信息化应用支撑平台，推动行政审批和公共服务事项网上办理，提升政务服务水平。转变政府管理理念和管理方式，将部分政府管理事项依法转为行业自律或由市场机制调节。

在政府职能的转变领域，南沙自贸区提出了创新机制体制，加快政府职能的转变，构建法治和服务型的政府。利用物联网、数字和信息技术，构造数据采集、分析和应用信息共享平台，努力搭建智慧型自贸区。具体来说，企业登记，按照"一照一码"和电子营业执照进行改革试点，建立一个"一口受理"的高效服务平台，先试先行"一颗印章管审批"。自挂牌以来，南沙自贸区重点推进登记改革，在全市领域内实施"一口受理"的新体系，创建企业"一口受理"的政务系统以及并联审批的体制，实施"一照一码"和"电子营业执照"等标志性的改革，达成"七证联发"的效果，即企业可以在注册登记后的一个工作日内便取得营业执照；建立统一的市场监管平台，逐步形成"各司其职，联动监督管理，全面同享，信息透明化"，初步完成了宽进严管的工作体制；试点电子税务系统，南沙市地方税务局率先在当地实行电子税务登记证书，超过60%的业务已实现了网上办理，推广移动终端的"微服务"。

（三）进一步扩大市场准入

1. 放宽内外资市场准入

对接香港和澳门以及国际标准，完善"负面清单"管理模式。"负面清单"实为原则上的例外，遵守"除法律禁止的，就是法律允许的"这一解释逻辑，体现的是"法无禁止即自由"的法律理念。进一步降低内外资市场准入门槛，逐步取消对内资的市场准入限制，放宽对外资的市场准入限制，促进投资贸易便利自由。

2. 加快推进商事制度改革

深入推进以企业登记"一照一码"、全流程"电子税务局"为重点的商事登记制度改革，建立"一口受理、并联审批、信息共享、结果互认"的一站式市场准入平台，规范并简化市场准入程序。

3. 建立宽进严管的市场准入和监管制度

改善"一站式"的市场准入信息统一平台，进一步完善企业改革，例如登记的"一口受理"与多证联办，促进电子营业执照的改革，探索电子化的登记体系，探索"证照分离"改革。建立市场监管以及企业信用的信息平台，创建跨部门的协同联动体系，加强各部门之间的认领和监督，加快物联网服务中心平台建设，强化全过程监管。

施行外商投资的负面清单制度，放松甚至取消外商投资的准入限制，增加行业的透明度。根据全国人大常务委员会的授权，把外商投资的企业的创立、变动和合同规章审批变为备案，省内办理后再依照相关法律办理后续手续。健全诚信体系，建立企业的诚信体制，展开信用调查以及等级评价，完善信用约束机制，施行守信则激励、失信则惩戒的制度。完善企业的信用信息公示平台，施行企业年报的公示以及贸易不正常的公司名单和违法企业名单公示体系。以诚信为中心，在追究、监督、执法、处分、赔付等各方面强化全程的监管。支持国家有关部门开展企业反垄断审查，施行外商投资的全周期监管。

（四）充分激发市场主体活力

1. 创新投融资模式

南沙自贸区的投资和贸易便利化都离不开市场化的金融环境。在自贸试验区和重点城市推广明珠湾开发建设模式；深化投融资体制改革，发展多种形式的股权、项目融资，大力支持国有企业发行企业债，与保险、基金等机构合作设立"保险资金债权计划""城市发展基金"等。

2. 深化国有企业改革

全面系统地谋划南沙自贸区国资、国企的改革发展。促进国资统一监管体系的发展，支持清单化台账式"国资监管综合管理系统"；完善国有企业治理结构和管理机制，实施功能化、资本化、市场化、可持续四大发展战略，通过项目建设、板块构造、资本运作、改革重组、资源整合及对外合作等方式，加快推动国有资产存量优化和增量布局，实现"放大功能、形成支点、建立纽带、稳定发展"四大目标。

3. 激发民间投资活力

向社会资本开放基础设施和公共服务项目，着力推进供给侧结构性改革措施，开展降本增效专项行动。

（五）加强事中、事后监管体系建设

1. 健全现代市场监管体系

完善行政权责的清单，展开对外投资安全和反垄断的审查，完善南沙自贸区的市场监管体系，建立跨部门的协同联动，统一市场监管的协调机制，改进协同联动的机制，加强部门间信息互联互通。建设南沙自贸区物联网服务中心，探索实行物联网溯源管理，确保市场运行规范有序。

2. 健全社会信用体系

实行信用分类监管制度，强化企业信用管理及监督检查。加快建设自贸试验区信用平台，实施企业贸易异常名单和纳税"黑名单"。启动运行企业信用信息公示系统，推动信用认证和信用等级评价，利用南沙物联网服务中心对企业的生产、物流、商品销售等环节进行溯源监管。

3. 强化社会力量参与市场监督

加速推动社会各方力量来参与市场的监督，完善专业化的服务性机构的监管机制，鼓励专业化的服务性机构在自贸区内提供服务并且参与市场的监管。建立统一的政府公告平台和信息披露管理平台，完善行政执法公开制度，增强透明度，加强社会力量参与市场监管。

（六）完善高效便捷大通关体系

1. 提升口岸通关便利化水平

需要进一步扩大国际贸易"单一窗口"的功能，即依托信息密集化和自动化的处理，通过各部门之间的协调和整合，简化监管流程，实现单窗口的申报，简化通关手

续，为贸易商提供便利。提高海关验放速度，推广"互联网＋易通关""智检口岸""智慧海事"等创新模式，促进进出口商品的全球溯源，打造"互联网＋"的公共服务平台，逐渐完成检疫业务全过程的无纸化，创建检验检疫的"智检口岸"全新模式。

2. 加快推进区内外关检合作

建立信息交流、相互监督、协同推进的口岸单位合作机制，推动各部门和地方海关进一步协作并协调各部门之间的互联互通要求。全面推进关检"一次申报、一次查验、一次放行"，把南沙港口岸建设成国际一流的通关口岸。

3. 深化口岸监管模式创新

建设口岸监管"三互"机制，推动口岸单位不断出台监管创新措施，完善危化品"大数据"监管，实施中转货物原产地签证制度。深化口岸监管模式创新对南沙国际贸易综合竞争力的提高有着重要的作用，力争在国际贸易、国际中转、船舶登记管理、航运交易、检测维修、航运保险、跨境支付结算等方面形成一些具有特色的、全中国领先的、可推广又可复制的经验。

（七）建设与开放创新相适应的法治环境

1. 建设法治政府和法治社会

（1）按照国家、省、市出台的自贸试验区相关政策法规的要求，贯彻落实有关地方性法规及规章，坚持重大的改革于法有据，积极推动法制改革创新。

（2）依法设定、行使、制约和监督权力，健全重大行政决策机制，探索并推行综合行政执法，严格规范一切司法行为，全面推进政府政务公开，力争实现将政府活动全面纳入法制轨道。

（3）支持普法教育的制度，将法治教育归到国民教育以及精神教育的体系中，开展多种多样的法治文化活动，实施"七五"普法规划，完善媒体公益普法的体系，切实增强全社会的法治意识、规则意识以及契约精神。

（4）完善城乡覆盖的法律制度，开展调解、鉴定等综合法律活动，完善法律援助制度。

（5）完善权利和纠纷预防与解决机制，加强在房屋土地的征收、社会保障、环境治理、公共安全等纠纷频发领域的矛盾源头治理以及防范。

（6）推进领导带头学法和模范守法，强化社会主义的法治文化建设，促进各基层部门、组织以及行业依法治理。

2. 营造公正高效的法治环境

（1）建立广东省知识产权维权援助中心南沙分中心，健全行政、仲裁和社会组织调解多元化的知识产权纠纷的解决机制。

（2）依托中国广州国际航运仲裁院、自贸区法律服务中心、中国广州国际金融仲裁院自贸区分院和中国广州知识产权仲裁院自贸区分院等专业机构，探索建立南沙自贸区知识产权维权援助中心，健全国际仲裁和商事调解机制。

（3）创新粤港澳法律服务合作新机制，深入推进内地和港澳律师事务所合伙型联营试点，完善律师、公证、司法鉴定等法律服务体系。

（4）充分发挥自贸试验区法院的作用，推动成立自贸试验区检察院，率先开展司法体制改革，为全国司法改革提供可复制的经验。

二、南沙自贸区 O2O 模式下的自媒体社会化营销

营销活动是企业的行为。新颖的营销形式以及营销内容都很重要，需要考虑渠道，即选择线上还是线下，选择大流量还是选择碎片化流量，把营销内容包括产品、服务和品牌都一一展现给消费者，目的是吸引越来越多的顾客进行消费。

（一）O2O 营销模式

O2O 营销模式即离线商务模式，用线上的营销和购买来促进线下的经营和消费。O2O 可以选择打折和服务预订的方式，把线下经营商店的营销内容推送到线上，从而吸引更多的线上消费者转变为线下的顾客，这就非常有利于那些必须到线下的店铺进行消费的产品或服务，比如健身、电影等。

1. O2O 营销模式的特点

对于消费者，可以从互联网上获取更形象的产品或服务的信息，可以实现线上咨询以及商品预订并且得到相对于线下直接消费更便宜的商品价格。对于商家来说，能够得到更多的宣传和展示商品以及服务的机会，进一步扩大顾客源，并检查商品的销售成果，对每笔商品的交易进行在线跟踪，通过用户数据维护老客户，通过网上预订商品降低成本，合理安排操作，加快新店面或新品的消费，降低对黄金地段的地理依赖性。O2O 平台与用户的生活密切相关，并且消费优惠便捷，推广效果可追踪，既具有 C2C 和 B2C 几倍的线上资金流，也具有广阔的广告收入空间。

2. O2O 营销模式的主要优势

（1）对于企业，以互联网为媒介进行线上营销，丰富了企业产品和服务的宣传方

式，减少营销成本，提高营销效率。其对实体店选址要求更低，也扩大了销售渠道，有利于实体店经营的优化。企业可利用线上预付款进行销售额的直接统计以及数据的追踪，方便合理规划经营。

（2）对于消费者，可随时随地在线上搜索商家信息以及其产品的信息，可借鉴线上已消费客户的评价；能够通过互联网进行直接的在线咨询，解决消费者的各种销售疑问；线上预订或购买商品以及服务，能获得比线下直接消费更优惠的价格。

（3）对于O2O平台的经营商，一方面，它能给消费者带来比日常消费更优惠的价格，这样可以快速聚集大量的在线消费者；另一方面，它能为商家提供明显的宣传结果，以及可以定量统计的营销数据，这便吸引了大批的线下实体商家，巨大的广告收入空间为平台的经营者带来更多盈利模式。

O2O模式不是纯粹的互联网营销模式，而是线下商务与互联网结合，其对商家的线下服务能力有着严格的要求。此模型的关键取决于线下服务能力的强弱，然而，线下服务能力也受到在线用户黏度的影响。有着优质资源并且比较本土化的O2O平台是以后市场的主力军。

O2O模式的关键点在于可通过线上吸引消费者，但消费者只有去线下才能消费，那么线下的服务能力是商家取胜的关键所在。而那些线上快速发展的创业型公司是否能掌控稳定的服务体系还有待商榷。然而现实中大多数O2O模式的企业并不能保障其线下服务的质量，这仅相当于第三方在中间起到协调作用。此外，消费者先进行线上支付，倘若商家做出不负责任的行为，那么消费者就变得非常被动。如果没有优良的口碑和信誉，商家也很难得到进一步的发展。该营销模式发展起来的一个至关重要的环节是商家要做到线上消息与线下服务相匹配。

线上订单有利于贸易数据的统计，也有利于销售效果的透明化。直观上，该模式的重要环节好像是在商品信息的线上发布，然而本质上，该模式的中心在于线上支付。如果商品不可以线上支付，那么O2O模式中的线上不过是替他人免费做广告，存在严重的搭便车行为。线上支付并非商品的简单支付，它代表着此次消费的结束，同时提供准确的交易数据。那些提供专业网络服务的公司只有在消费者完成线上支付后，才可以从中得到经济利益，然后把消费信息提供给店家。在线支付在O2O模式中起着重要的作用，该模式基于服务业，但广告不是其主要的收入来源。

（二）自媒体

自媒体是普通民众通过数字科技提供并且分享他们身边发生的时事以及新闻的一种途径。自媒体也可以被称为"公民媒体""个人媒体"，是指个性化、流行、广泛、独立的信息传播技术，将规范性和非规范性信息传递给未指定的多数或特定个体。信息传播机制占主导地位的自媒体与传统媒体有所不同，其信息传播活动由普通人主导，其概念从传统的"点到面"转变为"点到点"。自媒体在传播信息时提供信息的生产、积累和共享，信息内容既可以是公开的，也可以是私人的。现有的主要表达渠道有微信、微博、论坛、博客和各类视频网站，但随着网络个人用户使用量的增加，自媒体会出现个人网站这类新载体。

自媒体的传播主体具有多元化、大众化和普泛化的特征，对传统媒体产生巨大的威慑。

（1）多元化。传播主体可能从事各种各样的行业，这就比传统媒体行业的工作人员的覆盖面广泛得多。在一定程度上，他们对于新闻事件的整体掌握可能更具体、更明确、更实际。处于"尾巴"专业水平的自媒体相对于处于"头"专业水平的传统媒体人员并非弱势，有可能甚至还更有优势。

（2）大众化。自媒体的传播者来自社会的各个层次，大部分是普通大众。一些业余新闻爱好者比传统媒体人员更具有无功利性，普通群众具有比传统媒体人员更少的立场偏见，他们对新闻的评判往往更具有客观性和公平性。

（3）普泛化。自媒体最主要的作用是：它使广大群众具有了更多的话语权，它宣扬个性，造就自身的价值，体现民意。这个普泛化的特点使"自我声音"的表达逐渐成为一种趋势。

自媒体的特征在于：

（1）普通化、个性化。从"旁观者"转变为"当事人"，每一个群众都可以拥有自己的"在线报纸"（博客）、"线上广播"或"线上电视"（播客）。人们在自己独立的"媒体"上"写""说"，每一个"草根"都可以实现自己想在互联网上发表意见的愿望，传递他们自己生活的喜怒哀乐，构建自己的社交网络。

（2）门槛低、运作简单。传统媒体运行的整个过程需耗费大量人力、物力、财力，首先是成立阶段，需要国家核查和考察，测评的门槛很高，甚至让人望而却步，简直是"不可能完成的任务"。而互联网的门槛低、操作简单，这就使自媒体受到热烈欢迎，发展迅速。强交互性、传播快速，没有时间和空间的限制，得益于科学技术的飞速发展，我们可以在任何时间和任何地点操作自己的"媒体"，信息传播的时效性得到提升。从生产到发布，自媒体的速度以及效率远远超过传统媒体。由于媒体可以迅速传播信息给观众，观众可以迅速回应信息传播的效果，其强大的互动性是优于传统媒体的有力武器。

但是，自媒体存在以下缺点：

（1）质量参差不齐。个人有个人独自的姿态和不同的表达方式，媒体也有参差不齐的质量。人们能自主建立"媒体"，当然媒体主人发布的消息也可以按照自己的意愿随心所欲地编写。

（2）可信度低。过度追求流量甚至会使一些自媒体发布虚假的信息，也使得部分自媒体信息的真实性有待商榷。

（3）法律不规范。用法律对自媒体进行规范和引导是至关重要的环节。

（三）O2O 社会化营销

O2O 社会化营销是基于社会网络的营销。利用网络，用新颖的内容来吸引消费者，从而实现品牌与消费者之间的双向沟通，打造品牌与消费者的持久互动，提升品牌美誉度和产品销量，同时通过积极参与和体验，影响并发动亲友参与讨论和购买，最终让消费者形成对品牌的认知。O2O 社会化营销基于社会网络营销，注重利用网络和终端，重点是流量和内容的双向投射，从而找到目标客户。

O2O 分为线上和线下两个层面，不管线上线下都包含流量与内容。O2O 社会化营销更看重消费者行为与内容的无界限，其直观理解是在任何地点、任何时间都能穿越界限来倾听消费者的声音，理解客户并快速有效地回复和满足客户的需求。

O2O 的社会化营销先是社会化营销，接着是重视消费者的行为与营销内容的结合，此过程需注意以下的一些要求：消费者的行为需与营销的内容产生必要的关联性，既独立又相关；消费者的行为要与营销的内容产生共鸣性，即产生强烈的情感反应和心理认同现象；营销内容还要有一定的娱乐性，使消费者享受快乐。

三、南沙自贸区企业营销模式与机制创新

随着我国加入 WTO，中国市场必然会加入世界这个大市场的激烈竞争中去。新的市场经济条件下，企业的营销创新是中国当前的营销主题。企业要主动进行营销创新，积极更新营销观念。

（一）我国企业市场营销存在的问题

1. 国内市场竞争趋向多极化发展

随着改革开放的发展进程，企业越来越市场化，高利润是其核心目标，而这又改变了我国的经济结构以及经济利益关系。企业竞争局势更加错综复杂，甚至有一些国内企业或地区，把与外国企业的合资作为一种手段，与其他国内企业或地区竞争。实际上，国内企业包括生产企业和外贸公司之间以及地区之间企业的竞争网络错综复杂。中国加入 WTO 后，利益格局的多元化会使中外企业市场竞争关系更多极化。

2. 企业的高层营销管理人员缺乏，企业的创新能力不强

营销是一种整体活动，无论是买卖双方还是其他相关活动，都与营销有关。营销对效益有着直接的影响。虽然企业开始逐渐重视市场营销的相关工作，但也只有单一的营销部门进行负责，高级管理人才特别是知识型人才匮乏，并且对营销活动整个流程的重视显然不够。企业高层的营销知识匮乏首先会不利于企业的资源整合，不利于营销决策的实施，甚至可能会使企业迷失营销方向。知识经济是强调创新的新型经济，创新成为企业发展的动力源泉。21世纪，企业的竞争实际上是知识创新能力的竞争，创新能力将直接影响企业的生存。在企业创新能力之中，营销创新能力是关键要素之一。

3. 企业的营销战略缺乏特色

营销战略明确了企业在市场竞争中的方向，企业需要用具有自身特色的营销战略指导企业的发展，反之企业将会受到严峻的考验。

（二）我国企业市场营销的创新机制策略

1. 企业必须具备技术创新优势

随着技术创新时代的到来，消费者将更加注重产品的质量和品位。产品的淘汰进一步体现了生活的快节奏，产品的潮流是由技术优势来领导的。如果企业没有技术创新的能力，将丧失技术优势，其产品就会失去角逐市场的机会。因此，必须推进技术创新向着多样、小型、简便、健美、舒适、环保等方向发展。

2. 认真分析当前企业市场格局

企业能根据不同消费者的购买行为特征细分出不同的市场，探索和识别不同目标市场的各种需求，进行有针对性的市场营销。发现并且识别顾客的消费特征与购买行为的核心方式是市场的细分。市场的细分把不同的顾客群分成若干个市场，然后依照不同细分市场的需求特征和顾客购买行为模式制定营销策略，以最大化营销效果。

3. 利用网络优势，开展网络营销

企业应尽快建立市场化、高效化的营销网络。随着企业营销意识的增强，网络是一个非常重要的渠道，企业应该开拓营销网点，开发新形式，形成多层次、多角度、立体化的营销网络。

4. 培养知识型的营销人才

营销创新能不能成为企业营销的核心，重点在于是否重视知识型的营销人才。知识型的营销人才具有强烈的社会责任感、较丰富的科技知识以及理论体系，他们可以

引导消费者正确的消费观念，能够灵活运用综合知识使科技与营销完美结合，帮助企业实现产品利润的最大化。

5. 提高企业服务质量，增强企业竞争力

企业应该建立现代营销理念，提高企业的服务质量，进而增强企业的综合竞争力。随着经济全球化和中国改革开放的深入，中国的市场经济体制已经基本确立。信息的快速流动、科技手段的广泛应用、硬件产品的基本衔接，逐步形成了公平有序的市场竞争环境。质量、种类和价格已使商品逐渐平均化，企业不能再以价格为手段进行竞争，而是转向非价格竞争，得顾客者得市场，所以有必要提供独特的、更适合客户需求的服务和产品。

（三）营销模式创新需要遵循的基本原则

营销创新只有符合该企业的特色才能满足其需要。一般而言，企业营销模式的创新要遵循以下一些基本原则：

（1）整合性。营销模式的创新是营销功能的有效整合。通过整合营销活动的各种功能，可以充分发挥营销模式创新对企业营销的作用。

（2）系统性。营销模式创新涉及企业的方方面面，运用木桶原理来解释，即企业管理中的任何问题都会影响企业营销模式创新的有效性。营销模式创新应该具有系统性，这样才能使企业营销模式创新的效果达到最优化。

（3）战略性。每个企业都需要有营销战略目标，企业需在营销创新中同时兼顾营销本身和企业的发展战略，这样才能有利于企业整体发展战略的实现。

（4）市场导向性。市场为营销创新的导向，所有活动都要服务于市场，优先考虑市场需求。

（5）持续性。营销模式创新不是在营销管理活动结束时进行的，而是一个持续改进的循环过程，是基于现有营销创新活动中问题的总结，在接下来的营销创新活动中加以改进，从而不断强化营销创新的有效性。

（四）南沙自贸区营销模式的创新

1. 营销理念的创新

信息的快速发展很大程度上改变了业务的流程和客户的目标。随着电子网络的迅速发展，信息共享已经成为企业的主导因素。不断更新和快速扩散的各种信息对于企业生产与管理活动的所有方面都产生了长远的影响。营销理念的创新要兼顾相关利益的得失和社会责任，要重视预期的收益和未来的增值，最终完成企业价值最大化。

2. 营销主体的创新

营销策略的集中管理是实现利润最大化的有效途径。企业可以实现数据集中管理和资金集中管理。此外，营销创新的效果可以通过相关数据进行反馈，企业可及时部署下一步的营销战略，完成企业效益最大化。

3. 营销内容的创新

营销内容创新渠道多种多样，可用降低价格来吸引新顾客，也可以实施价格歧视定价，还可以节约企业内部成本以提高工作效率。

4. 营销手段的创新

我们可以创新已有的营销手段，例如企业可通过增加消费者对该品牌的认知来扩大自己的市场份额，不停地刺激消费者的购买欲望，得到消费者的认可。我们也可以研究新理论，争取实现一对一的网络营销。

第七章　南沙自贸区全面深化粤港澳三方合作

（罗雅丹：暨南大学产业经济研究院）

一直以来，香港和澳门在改革开放中都起到了非常重要的作用，也是长期以来我国改革开放的窗口、桥梁和纽带。近些年来，广东省和香港、澳门间的进出口交易额占据了广东省进出口交易总额的六成，港澳企业在广东省的投资额同样占据了全省外商投资额的六成，而广东和香港、澳门的合资企业的投资更是占到了全省海外投资的六成以上。这三个六成都充分表明了粤港澳三方合作的紧密以及港澳地区对广东省的发展所起到的不可替代的重要作用。

根据南沙自贸区发展规划，南沙自贸区开发建设的发展方向是深化建设广东、香港和澳门的全面合作。近年来，随着南沙发展战略的不断发展和完善，其与港澳的合作不断深化，载体建设进一步加强。截至 2016 年年底，已经有 749 家香港和澳门企业在南沙落户，并达成了超过 100 亿元的总投资。粤港澳青年创新工厂、粤港合作示范区的建设进展顺利，同时，港澳人才交流、游艇自由行、数据传输、社会事务、专业服务等专项合作均在加快推进中。

在为上一年所取得的成绩总结的同时，我们也必须要清醒地看到南沙自贸区在建设粤港澳合作平台时所存在的一些不足：第一，同国内外发展较为完善的自贸区相比，港澳企业的规模仍有待进一步扩大；第二，尚未形成一套高科技新型现代产业体系；第三，粤港澳之间的交通通道仍需进一步完善；第四，同港澳之间的金融合作有待进一步加强；第五，港澳人才的引进力度还需进一步加强；第六，市场化、国际化、法治化营商环境建设还需进一步加快。因此，我们不仅要树立起全球视野，同时也要学习国内外的先进经验，将粤港澳三方的合作提升到一个更高的层次。本章，我们将主要从四个方面来探讨如何提升南沙自贸区的对外开放水平以及同港澳之间的合作关系。

一、促进粤港澳贸易便利化，加强三方产业合作

十年前 CEPA，即《内地与港澳关于建立更紧密经贸关系的安排》的出台，将粤港澳经济合作尤其是服务业合作提升到了一个新的发展阶段，港澳对广东服务业的直接投资有了飞速的增长。但是 CPEA 在实施的过程中也存在着落实效果欠佳、准入门

槛过高、配套法律法规不完善等问题。南沙自贸区应凭借着与香港、澳门毗邻的优势，在 CEPA 的框架下进一步扩大对港澳的开放程度，破除当前准入后所存在的隐性壁垒和政策障碍，创新自贸园的体制机制，从而推动粤港澳三方服务贸易自由化的发展。

近年来，南沙自贸区贯彻落实《中国（广东）自由贸易试验区建设实施方案》，围绕促进投资贸易便利化，积极探索建立与国际投资贸易通行规则相衔接的制度框架，着力营造市场化、国际化、法治化的营商环境，并成功拥有了 189 项创新成果，为国家、省、市未来的改革发展方向提供了许多可复制推广的经验。以负面清单管理为核心的投资管理制度基本建立，对内外资统一实行负面清单管理，建立了一种更加开放透明的投资管理服务新模式。各级税务机关税收体制改革顺利推进，"智能化""全通办"的现代税收新机制逐步建成。基于贸易便利化的通关体系建设取得了重大进展，实施了国际贸易"单一窗口""海关快速验放""互联网＋易通关"、粤港跨境货栈、检验检疫"智检口岸"、跨境电商商品质量溯源等一批标志性改革，形成了南沙自贸区"智慧口岸"品牌。伴随着国际航运、知识产权、国际金融等一批仲裁机构的设立，全国首家自贸实验区法院成立，法律服务水平得到了明显提升。在粤港澳产业合作方面，拓宽了合作领域，引进了越秀融资租赁等 26 家港资融资租赁公司，以及天运物流等一批港澳航运物流企业，推动了一批三方合作的教育医疗项目的建立以及港资企业总部在南沙落户。同时，粤港澳合作不断深化，创新金融、跨境电商、融资租赁、全球维修等新产业、新业态蓬勃发展。

但是在许多地方仍然存在着矛盾和不足。目前，南沙的经济成果较为依赖单一产业，生产性服务业比重不高，新产业和新业态尚未给经济发展提供有力支撑。要打造以生产性服务业为主导的现代产业新高地，就必须大力实施现代服务业和先进制造业"双轮"驱动战略，加快高端要素集聚，促进原有产业转型升级，提升金融、科技服务等高端生产性服务业占比，大力发展新产业、新业态，形成面向未来的现代产业体系。要解决这些现存的不足和问题，促进粤港澳服务贸易自由化，加强三地之间的产业合作，可以从以下几个方面入手：

（一）加强重点领域合作

积极推进与港澳的产业合作，增强内地同香港在各重点产业领域间的合作，如金融服务、金融后台服务、高端制造业、航运物流服务、科技创新、专业服务、休闲旅游服务、国际教育培训、商务服务和健康服务等。同时要鼓励港澳投资机构积极参与南沙的开发建设，建立粤港澳三方科技成果产业化的合作平台以及生产性服务业融合发展的新高地。

（二）推动服务要素便捷流动

通过推进三地间高端人才的流动，建立向内地拓展输送港澳专业服务的桥头堡，吸引一批航运、测量、会计、建筑、法律等专业人才在南沙落户，共同建设粤港澳专业服务集聚区。同时要积极推动建设粤港澳（国际）青年创新工厂、穗港数据传输专用通道、独资外籍人员子女学校、港澳台人员社会事务服务机构等一批重点项目，促进人才、信息、资本等要素的双向自由流动。

（三）推动企业进一步扩大对外开放

充分利用港澳企业熟悉国际网络平台及海外营商规则的优势，推动区内企业与港澳企业共同开拓海外市场，进行联合投资、投标、承揽项目等多种形式的合作。

（四）加强规则研究

加强对高标准国际投资贸易规则体系的研究，积极适应国际投资贸易规则的新变化。加快建立市场化、国际化、法治化发展环境，研究建立更高水平与国际对接的投资贸易规则体系。

（五）扩大对外开放领域

增强服务领域的对外开放程度，扩展与境外在服务贸易领域的投资合作。以广东、香港和澳门三地服务贸易自由化为主导，将南沙打造为服务贸易创新发展的核心，带动整个区域服务贸易和技术的出口。

（六）加快发展现代航运服务业

（1）加快建设南沙粤港澳航运服务示范区。提升港口服务等基础航运服务业水平，吸引相关企业和机构落户，促进航运高端要素集聚，建设南沙航运服务集聚区。加速发展现代航运服务业，如航运贸易、国际中转、航运金融、船舶登记和国际中转等，拓展高端航运服务功能，同时促进"互联网＋金融＋航运"的一体化发展，打造港口总部经济与航运服务产业集群。

（2）加强与港澳航运交易服务合作。以广州航运交易所等平台为依托，建设航运交易、服务、信息平台，打造珠江航运交易指数。

（3）积极寻求航运运价指数场外衍生品的开发与交易业务。加速建设国际邮轮母港和游艇基地，并且在发展邮轮运输、国际航运辅助业、港口离境税、沿海捎带业务试点的同时开展保税船舶注册和登记业务。

二、优化粤港澳口岸通关环境，加强通关体系建设

对于许多国家来说，口岸是对外开放的大门，是国际客运的枢纽，是对外交流与经济合作的桥梁，是国家安全的重要屏障。建立健全港口综合管理制度化和规范化的管理体系，推进高效、有序的通关环境建设，将对广东乃至全国实施积极主动的对外开放战略、加快建设对外开放新格局产生深远影响。因此，为了推动粤港澳之间的深度合作，我们必须优化粤港澳口岸通关环境，加强通关体系建设，减少口岸环境和管理工作对同港澳合作乃至对外开放政策有效实施的影响，切实促进各方共同发展。

当前，南沙自贸区已经开辟了一种新型的自助通关模式，将实现全天24小时自助通关作为突破点，利用海关同南沙新港码头管理系统中数据的实时互换，取消了纸质申报和人工审核等程序。国际货物运输将改变以往的书面申报形式，通过无纸化在线申报，系统将会对已经被转换和对碰过的数据进行审核、放行和核销，以实现全天候24小时自助通关，极大地提高了港口的运行效率和自动化水平。该项政策对国际航运监管流程进行改革再造，支持了航运物流的发展。

在这种模式下，货物的转移时间由1~2天缩短到3~5小时，卸货理货报告也在更短时间内生成，从6小时到5分钟。这种国际运输船对船作业，大大地提高了通关效率，降低了物流成本。同时，建立了国际贸易便利化"智检口岸"，以降低港口通关压力为突破点，通过一种事前备案、事中采信和事后追溯的检验新模式，把"智检口岸"划分为对内业务监管系统和对外公共服务平台两大块，把线上线下组合监管和"互联网＋检验检疫"的工作理念相结合，实现科学监督、信息共享和高效服务三位一体。只要有互联网，企业就可以登录这个平台进行申报、查询和记录，无须下载任何客户端就可以实现24小时无纸化线上办公，真正达成了"零申报"。此次改革使得检验检疫从原来2~3天的平均完结率缩短至16分钟，而产品合格率却显著提高了24%，检查率下降了90%。现场实行低风险、高信誉的企业无须查货验货，这样可在1分钟内完结大部分货柜的所有手续。提升南沙自贸区的竞争力，吸引大批市场采购商和国内外知名企业平台落户，将直接推进整个广东国际新航线的开通和面向全世界的开放，将直接拓展其在全世界的知名度，并直接影响到整个国际市场的发展。

然而，随着中国的全面深化改革进入瓶颈期和攻坚期，社会经济发展处于过渡期和转型期，开放和贸易私有化已进入了一个新阶段，国际政治经济形势更加错综复杂，港口管理面临前所未有的困难和挑战。目前主要存在着以下问题：第一，管理体制机制不完善。管理体制模糊，管理关系不顺，管理机构设置不合理，口岸保障及协作机制不够完善，这些都对口岸的管理机制有着巨大的影响。第二，口岸配套设施建设不

完善。要定时对口岸基础设施进行维修查验，同时要切实解决口岸人员的后勤保障问题。第三，通关手续过于烦琐。贸易便利化是当前粤港澳贸易的趋势，繁杂的通关手续阻碍了贸易的顺利进行，已经被国际组织公认为是一种非关税壁垒，这使得在经济和社会发展等方面的沟通不顺畅，将不可避免地阻碍内地和香港、澳门经济社会的共同发展。第四，未能体现出香港和澳门的回归感。香港和澳门都已经回归将近二十年，但由于采用了原有的境外核查模式，使得三地居民间的沟通不仅受到通行证的限制，而且像出国一样的验证会使得往来人员感到与未回归时无异。目前，我们可以通过以下几个方面对粤港澳通关口岸所面临的问题进行处理。

（一）构建高水平口岸监管机制

对南沙港口岸检验机构加强建设，同时加强创新粤港澳口岸的通关模式，加快广东、香港、澳门三地信息交流互换和监管互认，相互监督执法。对内地和澳门居民的相互往来开展"两地一检""合作查验，一次放行"等检查形式，逐步扩大其适用范围，探索对内地、澳门居民实行"入境查验，出境管制"的单向检查模式。

推动南沙港区与内陆无水港之间跨关区、跨检区便利通关。在农产品方面，将按国际先进标准实行生产、检验、配送，寻求一种先进可行的农产品检验检疫制度，从而确保运送到香港和澳门的农产品和食品的质量与安全。对进出口货物和船舶在南沙港区收取类似国内口岸检验监管的最优惠的行政费。充分利用广州现有的电子口岸，全方位提升南沙现有的信息化水平，打造高水平的电子化南沙通关口岸。

（二）推动实施"粤港跨境货栈"项目

建立一条"可持续、无障碍、24小时全天候通关"的通关通道。根据内地与香港、澳门往来的人员及建设的实际需要，适当地简化在南沙港的出入境手续，给三方居民提供双向流动的便利条件。

（三）建立合理高效的管理机构权责清单制度

上级和地方各级人民政府应该遵照法定程序尽可能地将管理权限下放到自贸区各片区管理机构，并履行指导、协调和监督职能。各自贸区片区管理机构可以依照当地的发展情况提出一套行使上级政府管理权限的规划目录，并经法定程序由相关机构批准后实施，同时将其规划内容及实施进度及时向社会公布。

（四）完善口岸政策法规制度

可以研究制定出台口岸综合管理方面的地方性法规或政府规章，对口岸管理机构、职能权限、协调机制进行明确界定。把加强口岸各查验机构的工作合作，提高通关效率的目的和具体措施细化，作为口岸各查验机构法律法规的补充。同时也应注重接轨国际先进做法，在法律有关章节内容上大力推行海关部门牵头一口对外、有关查验机构密切配合的口岸通关模式，推动商贸、物流通关便利化。

（五）调动查验机构人员的积极性

应该进一步提高对查验机构人力资源配置的认识，解放广大干部特别是领导干部的思想，冲破传统思维的束缚，立足单位实际进行内部挖掘，走深化改革、激发干部活力的道路。一方面，应该大力深化改革，充分运用科技手段，科学设置业务流程，以科技为先导，充分发挥科技应用手段，将高科技应用于口岸监管中，同时建立科学的管理制度和管理方法，推动科技与业务改革的进一步融合；同时，进一步整合现有的监管资源，设置科学的业务流程，不断提高监管效能。另一方面，应加强统筹，逐步优化查验机构干部队伍的结构，使各口岸内查验机构的人力资源配置在职位设置上和专业要求上更符合实际需求，不断调整口岸查验机构的队伍结构。

三、推动粤港澳金融服务创新，深化三方金融合作

1978年改革开放至今，在党中央几代领导人和人民群众的共同努力下，我国的经济社会得到了持续快速的发展，综合国力也有了大幅度的提升，更是成为全球第二大经济体。目前我国正在由经济大国向经济强国迈进，这就要求我国的金融体系更加完备，金融市场更加发达，金融服务保障更加有力。而同上海自贸区相比，粤港澳自贸区最大的特色在于粤、港、澳三地的深度合作。2003年后，大陆同香港和澳门签署CEPA，三地金融合作便成为粤港澳深度合作的重点领域。在2008年，粤港澳全面启动了金融交流。而深化三地金融合作创新也具有十分重大的战略意义。作为香港极具国际竞争力的一个优势，金融必然是深化三方合作的一个重要内容，具有极强的发展潜力。必须要充分发挥香港的金融优势地位，同时加强粤港澳三方的金融合作，促进金融创新，加快推进粤港澳一体化进程，打造一个具备更高水平、更大辐射范围和更深腹地的国际金融中心。对三方而言，金融合作与创新不仅有利于增强和稳定香港作为国际金融中心的地位，维持港澳社会的繁荣稳定，同时有利于国家实施货币稳定政策、人民币国际化战略以及金融开放战略和金融安全战略。

近年来，作为"实施CPEA先行先试综合示范区"，南沙自贸区通过"以点带面"的方式，设立金融合作试点，由试点所带来的示范效应来带动整个粤港澳服务业合作水平的提升，同时利用自身现有优势，推动航运金融与科技金融等特色金融业的发展。

通过近几年的努力，已经取得了一些令人瞩目的成就。

一是创新型金融机构集聚发展。南沙自贸区自挂牌以来，已引进各类金融（类金融）企业 215 家，并已开展跨境人民币贷款、全国综合性保险经纪、外商股权投资基金等金融创新业务。

二是航运金融加快发展。设立广州航运交易有限公司，积极打造航运人才交易、航运衍生品交易、航运贸易、商品交易和港口交易五大市场，建立广州商品结算中心，开展对大批商品贸易交易上锁的统一登记服务，同时对商品交易开展清算业务，对政府的市场监管活动进行创新，将"执行者"和"把关者"两个功能相结合，达到交易、清算和结算三个环节严格分离。

三是融资租赁产业发展迅速。南沙自贸区出台了一批专项扶持政策，正抓紧落实国内外金融租赁业实行统一管理体制改革、支持金融租赁企业进出口大型设备的政策，已经有 5 家金融租赁企业办理了共 1 530 万元的退税审批；落户了 65 家融资租赁企业，注册资金总额约 250 亿元，今年的融资租赁合同金额预计将达 400 亿，占广州市合同余额的一半。其中，珠江金融租赁公司租赁合同金额将达到 100 亿元；越秀租赁公司今年更是拥有近 200 亿元的租赁合同；省属大型国有企业广东恒健控股公司成立的广东恒和租赁有限公司已经落户营业，初始注册资本为 10 亿元；渤海租赁和工银租赁两个 SPV 单机公司已经落户，达成了广州飞机租赁零的突破。另外，渤海租赁计划同"市城投"合作建立一个大型融资租赁公司，注册资本为 50 亿元，并将全面推行基础设施、不动产、飞机和高端设备等大型租赁项目。多家大型国有企业正规划在南沙设立金融租赁公司。

四是开展跨境人民币贷款业务。自 7 月底中国人民银行广州分行发布了《人民币贷款业务试点管理暂行办法》后，已有 8 家企业通过中国人民银行广州分行跨境人民币贷款备案，金额为 20 亿美元左右。香港和澳门低成本离岸人民币资金的引入，为企业降低了 20% ～ 30% 的融资成本。

尽管如此，目前南沙自贸区在同粤港澳金融合作创新方面还存在着诸多方面的不足和"瓶颈问题"。就香港而言，尽管在经济领域广东和珠江三角洲已经将其超越，但在金融领域，尤其是在国际金融领域，与内地相比，香港依旧占据了相对领先的地位。然而，香港作为一个小型经济体，虽然是世界三大国际金融中心之一，但其发展仍受制于经济规模小、经济腹地受限等因素。因此，如果要发挥其在金融领域的比较优势，香港势必要扩大其经济腹地，特别是在广东的小珠三角地区。从广东来看，虽然其 GDP 总量在 2003 年赶上了香港，但是金融业的发展在一定程度上还是与香港存在差距。尽管 20 世纪 80 年代中期到 90 年代初期，广东的金融业曾有过急速发展，但是进入 90 年代中后期后，因 1997 年亚洲金融危机的冲击，广东金融业的发展曾一度受到影响。过去十年，广东的金融业占据第三产业和GDP的比重有了较大幅度的提高，但与香港相比，仍然存在一定差距，迫切需要通过进一步合作来推进三方金融产业的融合与发展。

（一）深化金融领域开放创新

（1）发挥自由贸易试验区的政策优势，推进跨境人民币业务试点，在跨境资金管理、跨境人民币使用等方面先行先试。

（2）推动适应粤港澳三方自由化贸易的金融创新，完善金融业"负面清单"准入模式，简化准入方式，提升金融服务业对港澳地区的开放水平。

（3）充分利用区内和区外两种金融资源，创新体制机制。深化广东、香港和澳门间的金融合作，完善三方金融合作新机制，推动三方金融共同市场的建设。加大特色金融业的发展，如科技金融、国际金融、航运金融、金融要素交易等，打造具有全国影响力的跨区域的内外资融资租赁统一试点和金融交易平台。构建特色金融体系框架，建成我国重要的区域性特色金融中心和粤港澳金融合作示范区，打造"一带一路"金融枢纽和支付结算中心。加快推动投融资汇兑便利化，探索在人民币资本账户自由兑换、自由贸易账户等方面的试点，探索外币账户管理模式创新，深化外汇管理改革。

（4）发展跨境金融，开展人民币跨境贷款、跨境发债、跨境投资、跨境支付等跨境创新业务。

（二）培育发展产业金融和新金融

（1）发展科技金融。鼓励设立更多科技支行、科技小贷公司、科技融资担保公司等，推动形成覆盖科技创新生命周期的科技、金融、产业的"三融合"模式。

（2）规范互联网金融的发展。支持条件较好的金融机构建立新型金融业务，如开展线上基金销售、线上证券、线上消费金融、线上银行和线上保险等。同时支持各类资本依法建立如网络金融产品销售平台、互联网支付平台、股权众筹融资平台和网络借贷平台等创新型金融平台，促进南沙地区新金融的全面发展。

（3）积极培育和发展环保金融、普惠金融、私募金融，建设区域性财富管理中心。

（三）构建特色金融支撑体系

（1）着力推进南沙高新金融服务区建设。集聚创新要素，打造区域金融中心。

（2）将国际航运中心的建设作为突破口。加大航运金融的发展力度，完善货币保管、兑换、结算、担保、航运融资、保险等服务功能，探索构建以航运保险、航运产业基金为重点的现代航运金融服务体系。

（3）大力发展金融租赁产业。促进金融租赁业和制造业一体化，加强南沙金融租赁业聚集区的建设，建成华南金融租赁中心，打造全国金融租赁第三极。引进和扶持一批符合条件的机构在南沙创设金融租赁公司，通过开展大型设备的融资业务，如飞机、船舶、海洋工程设备等，使重大项目落户南沙，建设千亿级融资租赁产业集聚区。

（四）完善多层次资本市场

（1）积极拓宽多元融资渠道，加快发展创业及股权投资市场。通过对服务的优化，对注册登记等工作流程的简化，为股权投资机构的聚集和健康有序发展营造良好的市场环境；同时，继续大力引入保险资金支持南沙城市更新和新型城镇化建设，推动和探索各类债券，尤其是地方政府债券和市政债券的发行。

（2）积极推动企业上市融资。鼓励具备条件的企业在主板、中小板和创业板上市，推动符合条件的企业在全国中小企业股份转让系统和区域股权交易市场挂牌融资。

（3）研究设立以碳排放权为首个品种的创新型期货交易所。

（4）推动广州航运交易所、广州商品清算中心创新发展。加大对香港和澳门投资者参与该平台要素建设的引进，加快创新要素交易平台的建立。

（五）建立健全金融风险防控体系

（1）构建金融宏观审慎管理体系。建立健全金融监管协调机制，加强对跨境资金流动和套利等金融活动的监管，探索建立本外币一体化管理机制。

（2）寻求建立一种针对金融消费者的权利保护协作机制。鼓励金融行业协会、自律组织建立协调和仲裁、诉讼的对接机制，增强对金融消费者权利的维护。

（3）严厉打击各类金融犯罪活动。加强与金融监管部门联系，切实做好金融系统性风险的监测和防范工作。

（4）增强对金融法律法规和风险教育的宣传。提高全社会防范金融风险的意识，打造金融安全区。

四、引进港澳高技术人才，打造粤港澳创新创业平台

伴随着当前知识经济和创新时代的到来，我国未来必然要走以才能和创新为核心的发展道路。而在当前这些高新技术产业和创意产业中，人才是第一资源，是发展过程中最重要的驱动力。作为以打造粤港澳经济一体化为定位的南沙自贸区，更要利用同港澳相邻的区位优势，加强与香港和澳门的深度融合，优先发展金融、科研等创新型高端产业；同时，着力吸引港澳专业人才，加强粤港澳三地资源和人才的往来流通，

进而促进三方经济共同发展。

目前，在"十二五"规划的指导下，南沙在科技创新能力和人才引进管理方面，均已取得了不错的成果，基本完成了"十二五"时期的既定目标和任务。到目前为止，在南沙已经形成了以香港和澳门为主体的海外合作研究机构、中科院"一院五所"、教育部高校系列研发机构等三大科技创新系统，同时拥有三家国家级实验室，各类工程研发中心、实验室等创新平台共65个，新型研发机构数量占全市研发机构数量的25%。全区高新技术企业达到76家，高新技术产业产值比重提高到55.4%，科技对产业支撑力进一步增强。建成8个孵化器，孵化面积25万平方米。由香港科技大学牵头组织，粤港澳多个高等院校共同发起的"高校创业联盟"也在香港科技大学霍英东研究院正式成立。国家物联网标识平台、国家超算中心广州南沙分中心等重大科技服务平台建设进展顺利，成为广东省第一个科技服务体系建设试点。优质人才队伍迅速扩大，获批为国家级"人才管理改革试验区"，并引进了一批"千人计划"专家和两个省级创新科研团队，培养了一批达到国际标准的高技能人才。大力实施质量强区和品牌战略，率先在全省开展企业标准自我声明试点。2011年以来，新增省级著名商标11件、市级著名商标21件、省级名牌产品13个。

尽管南沙近年来在打造创新创业平台、引进港澳人才方面取得了不错的成就，但是依然存在着许多不足和矛盾之处：第一，仍未建立完善的创新创业政策资助体系，没有建立一整套具体的创新创业的培育体系。因此必须要完善相关的政策体系，营造一个良好的创新创业氛围。第二，目前南沙的基础设施仍然比较落后，无法支持许多基础创新平台项目。要加强建设相关配套设施，积极参与并吸引更多创新项目。第三，虽然目前开发建设的人才集聚效应初显，但高端人才依旧相对匮乏。要提升人才、特别是高端人才对发展的支撑力度，就必须深入创新人才管理改革体制机制，完善人才配套政策措施，吸引高端人才和港澳高校毕业生的集聚，营造良好的人才发展环境，构建起符合国家战略发展需要的人才高地。因此，可从以下几个方向来解决当前发展中所面临的问题和不足。

（一）营造良好创新生态环境

（1）完善科技创新政策体系。①出台多项支持政策，完善科技成果转化、知识产权保护、科技型中小企业和技术创新平台等扶持政策。②建立多元化财政投入体系，撬动社会资本要素投向科技创新领域。

（2）创新科研发展模式。①改进科研产业合作模式，整合现有园区资源搭建公共科技服务平台，推动区内重点企业和科研机构合作，成立产业技术创新战略联盟，引导中小微企业加强与科研机构的对接，推动产学研一体化发展。②推动科研成果市场化，推进现有科研院所管理体制改革，对新引进的科研机构采取企业化模式经营，推动企业上市，拓宽企业融资渠道，提高科研成果市场化率。

（3）建立科技服务体系。①培育面向港澳乃至国际的科技服务咨询、科技中介服务机构，发展一批多专业的综合技术服务联盟，成立科技服务业协会，逐步完善科技服务体系。②推进金融和科技间的一体化进程，重点支持科技支行、科技保险、风险投资和科技担保等发展，鼓励重大科技专项投资基金、股权投资和天使投资的发展。

（二）加快创新型企业培育发展

（1）大力发展高新技术企业。大力推行高新技术企业培育计划，创立高新企业培育后备库，并把南沙自贸区企业积极推荐进入省市级高新企业培育后备库，制定相应的扶植政策，对于入库企业实行重点扶持。

（2）培育和引导创新型企业。①落实国家技术创新工程试点，实施创新型企业成长路线行动，重点支持具有一定规模的高成长性企业的发展，培育一批创新型领军企业，形成一批创新企业集群。②积极推动南沙企业落实国家知识产权管理标准，支持和引导企业自主知识产权的创造、应用、转化和维护。

（三）加强科技创新载体建设

（1）加强重大科研设施建设。①加强科技基础设施建设，大力引进国家工程实验室、工程中心等创新基础平台，积极参与实施国家重大科技专项。②积极与港澳及国外机构合作共建，推动协同创新。加快建设国际创新服务集聚区，以南沙湾、庆盛、南沙枢纽三大板块为重点，构建科技创新联合机制，依托香港科技大学霍英东研究院引进更多国际成熟技术，推动项目落地，建设粤港澳创新成果产业化基地、科技研发聚居区和区域性科技创新服务中心。③加快推进南沙明珠科技城、资讯科技园等重点创新平台的建设，完善科技园区技术支撑平台、金融服务平台和公共服务平台等配套服务。④支持区内发展新一代信息技术、新能源、新材料、生物医药等核心领域项目，推动大数据、云计算及智能制造等领域研发及应用项目建设，加快实现产业化。

（2）培育新型研发机构。①积极落实省市新型研发机构发展规划和支持政策，重点推动建立一批以企业为主体的研发中心、技术中心、工程实验室、院士工作站、博士后工作站等科研机构。②鼓励香港和澳门的跨国企业设立国家级研发中心总部，吸引国际性大学和研究机构在南沙设立分支机构或新型研发中心，争取在关键技术和共性技术方面得到突破。

（3）完善企业孵化器体系。①落实省孵化器倍增计划，大力发展各类孵化器和加速器，重点推进南沙明珠科技城、电子信息产业园、资讯科技园等一批科技产业园及新一代孵化器建设，力争创建国家级孵化器，打造创业苗圃—孵化器—加速器—科技园全孵化链。②完善企业孵化、人才培养、质检、工业设计、信息网络、知识产权、企业融资等公共服务平台，促进地方创新产品的开发和规模化利用。

（四）打造国际人才自由港

（1）创新人才体制机制。依靠粤港澳人才合作示范区的建设，加速推行人才发展体制机制改革和政策创新机制，在贡献激励、股权激励、土地供应、金融支持、移民、社保等方面试点，加快创新型人才平台的建设，吸引国内外高端人才。

（2）创新人才培养引进体系。①健全产学研人才培养体系，充分发挥区内重点科研院所力量，加快建立培养创新人才的新型模式，重点培养本土高层次人才。②加快落实广州关于集聚产业人才的意见及相关文件，着力发展、培养、吸引创新型人才、高技能人才队伍，大力引进和用好海外人才，打造国际人才自由港。

（3）优化人才发展环境。①利用政府这个"看得见的手"同市场的"看不见的手"相结合，完善人才资源的配置，同时鼓励企业、高校、科研院所等机构共同参与人才资源的引进与开发。②建立完善人才服务保障体系，实施绿卡制度，为创新创业人才在南沙的落户、医疗、子女入学和配偶就业等社会生活问题提供便利服务。

（五）打造"大众创业、万众创新"示范基地

（1）加快建设创新创业基地。①大力推动和扶持大众创新、中小微创新和创客发展，鼓励发展众创、众包、众扶、众筹空间。②搭建创新创业平台，加快建设广东、香港和澳门三地青年交流（总部）基地、青年就业实习基地以及青年创业工厂，落实庆盛枢纽创业城计划，打造粤港澳三地创新创业青年交流合作平台。③创办留学报国基地，为归国留学人员创业搭建平台。

（2）支持和完善创新创业服务体系。①简化登记流程，加大资金扶持力度，搭建高效便捷的服务平台，支持中小微创新企业和创客发展。②推动创新与创业结合，鼓励"微创新"。加强创业培训，推广新型孵化模式，为创业者提供一站式创业服务。③积极开展创新创业活动。支持和鼓励年轻人参与创新，积极组织创新创业大赛，同时开展创客大赛、创新创业项目成果展示等多种创新创业活动。

五、推动粤港澳制度创新，促进三方深度融合

近些年来，尽管粤港澳三地政府均有意推动三方合作，整合三方资源，使粤港澳形成一个共同的、在国际市场上更具有竞争力的经济体。但是由于三方在各自利益与

经济运行机制上均无法达成统一，使得合作缓慢而缺乏效率。广东、香港和澳门三地间的合作，是主权国家在"一国两制"和世贸组织框架下的内部不同独立关税区间的合作。为了减小港澳地区与广东在社会及经济运行机制上的各种差异对区域合作带来的不良影响，政府必须运用制度创新来推动粤港澳三地的融合。目前，南沙自贸区主要通过有效利用中央给予的"先行先试"政策优势，将经济社会宏/微观管理模式按市场经济发展的要求进行改革，促使其在经济、社会和行政等各方面的运行机制上同港澳乃至国际惯例相接轨。例如出入境的管理规范以及便利化条例、商业事务登记去行政化、法律服务互适化等，打造一个粤港澳三方深度合作整合的高水平制度平台。

同时我们也可以看出，在制度创新上，南沙体现出了一种大力优化发展环境的特性。如通过设立管委会或管理局的形式，突破传统的政府行政管理模式，提高经济体的运行效率；颁布多项优惠的税收政策，以其来吸引香港、澳门以及国内外多种要素，进而促进区域经济发展活力；土地制度方面，可以视情况适度填海，为新区的发展提供更大的空间。但是在制度创新方面，南沙自贸区仍然缺乏自主创新和系统规划，主要的创新性政策都是通过中央下达颁布，因而在很大程度上具有模糊性，即在制度安排中，许多用词都停留在"允许""支持""探索"等试探性的词语上，无法将南沙自贸区目前存在的问题细化到可实施的条例中。因此，为了更好地推动粤港澳融合的制度创新，我们不仅应该注重将政策具体化，同时也要分清主次，优先从对地区发展起着决定性作用的制度着手，以此作为粤港澳制度创新方向的切入口。

（一）推进粤港澳三地法律体系融合

任何国家和地区的稳定发展都需要法律。法律是捍卫人民群众利益的工具，经济一体化也要以法律制度的融合为基础。目前，三地在法律制度上的差异，使三个不同经济体没有一个可共同遵守的法律准则，导致粤港澳的经济一体化无法得到有效的开展。为了使粤港澳三地成为一个稳定的整体，首先必须从法律体系着手。具体来说，可以按照"内地法律框架下借鉴引入香港澳门标准规范"的原则，在城市规划、运营管理、基础设施建设、商事管理、社会治理服务等方面开展先行先试和创新，打造粤港澳深度合作新载体，为粤港澳经济融合发展提供示范。同时，支持在南沙自贸区设立香港和澳门公益性机构的服务平台，寻求推进同港澳在法律服务和商事仲裁方面的合作，并逐步推进同港澳的商业民事调解机制对接，探索和完善与港澳律师业合资运作的机制。

（二）推进粤港澳三地商业合作制度融合

粤港澳三地制度融合涉及的范围包含经济、政治、文化等方方面面，但是在制度创新融合乃至三地深度融合时，我们应该借鉴欧盟建设的经验，制订一系列有明确目标的整体规划，还需要按照市场经济发展的要求对不同领域的制度体制进行循序渐进的创新融合。经济基础决定上层建筑，要想充分发挥粤港澳三方合作的优势，必须首先促进三方的经济合作，将制度创新定位于系统性建设经济制度及其相应的经济运行机制，努力使内地同港澳间制度的融合以市场经济为基础。具体来说，政府可以紧密对接港澳在商事登记、人才引进、融资、跨境交易、投资者保护等方面的先进规则，同时设立营商服务专职机构，与企业、商会、行业协会建立沟通互动机制，三方共同创建良好的国际营商环境。

（三）推进粤港澳政府高层间的合作协商机制

要达到与香港、澳门进一步的深度融合，就必须克服由于"一国两制"而导致的三方缺乏官方区域协调组织的问题。可以通过中央相关部门的指导，扩大与香港、澳门协调合作事宜的范围。这需要充分发挥粤港合作联席会议、粤澳合作联席会议作为粤港澳政府间合作协商平台的作用，利用好穗港、穗澳两个专责小组工作机制，深化与香港和澳门在重点领域的合作，共同推进具体项目合作，探索新的合作模式，提高三方各项合作的层次和水平。

（四）推进与港澳社会领域的合作

因为"一国两制"治国方针的现状，使得粤港澳三地在社会领域有许多体制机制存在差异。我们要善于借鉴和学习港澳地区那些较为成熟完善的体制机制，去粗取精，与南沙自身的具体情况相结合，真正做到三地深入融合。

（1）完善社会管理体制机制。向香港和澳门学习其先进的社会治理经验，强化社会管理机制，加强社会公共服务，寻求建立以人为本、民主协商、多方参与的社会治理机制，创建公开透明且行事高效的社会管理体制。

（2）强化社会管理保障。首先，我们应该吸取港澳有益的社会工作经验，加强政策引导，建立和完善社会工作者的选拔和激励制度，完善和提高职业规范及标准。其次，建立和完善南沙区香港、澳门及海外人士的服务管理体系，落实移民、通关、居留等服务措施，实现对户籍和非户籍居民的综合管理服务。再次，研究设立港澳人员社会事务服务机构，促进三地人才、资本、信息和其他服务要素的自由流动。最后，促进粤港澳技术人员之间的合作，通过职业技能"一试三证"的人才评价模式，培养符合内地和港澳、国际需求的高层次人才，加大培训支持力度。

第八章　南沙自贸区 "走出去" 综合服务平台

（王明超：暨南大学产业经济研究院）

依托国家战略扶持和广东省的良好发展态势，地处珠三角地理几何中心的南沙自贸区，外向型经济发展也取得了可喜的成绩。截至 2015 年，已有 50 个世界 500 强企业投资落户，超过 50 家各类总部型企业进驻，集聚了 108 家融资租赁企业、654 家金融和类金融机构、709 家跨境电商企业、1 200 多家航运服务企业。其中，2015 年外贸进出口总额达 1 526 亿元，跨境电商企业实现交易额 13.84 亿元，旅游购物出口 78 亿美元。

本章以南沙自贸区"走出去"综合服务平台为研究对象，提出构建以"企业战略联盟""政策体系""行业协会"和"网络平台"为内容的综合服务体系，并从这四个维度出发，以企业"走出去"网络平台建设为重点，结合南沙企业"走出去"的实际需要和特点，广泛分析和参考国内外相关建设的经验及范例，力图对建设具有南沙自贸区特色的"走出去"综合服务平台提出有针对性的建议，供南沙自贸区及相关机构决策参考。

一、国内外自贸区 "走出去" 综合服务平台建设经验

（一）美国对外投资促进服务平台体系建设经验

美国对外投资政策于 20 世纪 70 年代中期之后才迅速转向自由化。美国对外投资政策的基本原则是保证美国对外投资自由、安全和利益，甚至会因此做出某些特别的战略安排。根据属性，美国投资促进专门机构可分为三类：第一类是管理者，负责制定战略、方针、政策，监督管理并协调国际关系，也提供信息、咨询、培训，举办研讨会、洽谈会等服务。第二类是政府直属政策性专门机构，负责提供直接的财政、金融支持和情报支持，按照公司制运作。第三类是 NBER、美国传统基金会等非政府机构，负责建立数据库，进行学术和战略研究等。在众多机构中，只有美国海外私人投资公司（OPIC）作为政府直属机构自负盈亏，因为巧妙的机制设计而最为重要和活跃。

1. 构建综合服务平台为企业提供支持

一是立法平台。美国有对外投资专门立法和特殊立法，一些行业法中也增加了鼓

励企业境外投资的内容。二是金融平台。包括直接的财政支持如财政补贴、信贷优惠等，金融支持如境外资源开发贷款、境外直接投资贷款、贷款担保、保险及税收支持。三是信息服务平台。绝大部分服务免费，范围从传统的资金和信息服务扩大到承保政治风险、情报咨询、前期费用，分担市场开拓和投资试验费用。

2. 服务向重点领域和中小型企业倾斜

美国对外投资促进服务体系有两个重要的战略安排，以使企业对外投资符合国家整体利益。一个是商务优先次序原则。美国对外投资促进服务的政策资源配置优先考虑环境、信息、能源、交通运输、卫生保健和金融等领域，甚至借助《谢尔曼反托拉斯法》允许美国资源性行业垄断。另一个是重视小企业。为推动小企业对外投资而采取的主要举措有设立专门机构，提供专项财政资金、专项贷款和贷款担保，鼓励小企业技术创新，设立小企业海外资讯数据库等。

3. 引导民间行业协会及组织提供服务

美国对外投资促进服务体系遵循"资本输出中性"原则，政策资源以市场配置为主，并确保政府出现在市场失灵的地方。因此，美国税法无税收饶让，并增加了CFC条款以限制通过国际投资逃税、避税。美国投资促进服务体系的机构设置权责明确，这些机构会尽力提供周到服务，追求投资安全和收益。国际投资促进服务中的市场失灵是指政策差异带来的投资争端和政治风险。对此，美国政府通过签订双边或多边协议并利用国际组织从政治层面加以解决。

（二）德国对外投资促进服务平台体系建设经验

在德国企业走出国门并不断发展壮大的过程中，德国政府发挥了重要的作用。目前，德国是世界上签订双边投资协议数量最多的国家之一，已和120多个国家和地区签订了双边协议，将德国企业在国外的投资置于有效的保护网络之中。德国在促进跨国公司发展方面积累了丰富的经验，主要包括以下几个方面。

1. 完善"走出去"法律和政策体系

德国从国家战略层面制定了完整、有效的法律保护措施，以最大限度实现境外投资便利化，鼓励本国企业走出国门。早在1961年，联邦政府就颁布了《对外经济法》，同时生效的还有《对外经济条例》，它们对本国的资本输出给予了很多优惠，以尽可能减少对对外经济活动的限制，鼓励和保护私人企业的海外投资。近年，德国政府致力于推动国际直接投资自由化，并将这一目标与建立双边或多边国际直接投资保障条约联系在一起。通过与其他国家签订投资促进与保护双边协议来保障德国企业在国外的经济利益。协议的主要内容有：投资企业可以享受国民待遇和最惠国待遇；保证资本和赢利的自由汇出；用法律手段对私有财产进行保护；投资者与东道国发生争议时可提交国际仲裁法庭解决等。

2. 突出财税和金融服务的支撑作用

在金融方面，德国政府对企业对外直接投资给予贷款、担保和补贴等方面的支持。联邦政府所属机构同私人投资者合作，通过贷款支持等形式提高本国企业在国外企业中所占的股份；企业到海外投资遇到资金不足的情况时，可以向德国清算银行或德国复兴信贷银行申请贷款担保，以获得所需贷款；政府对投资前调查给予资助，承担为在发展中国家设立子公司进行可行性研究而产生的费用的 50% 以上。在财税方面，德国政府对对外投资企业也给予支持：首先，采用政府补贴等形式扶持企业对外直接投资。其次，德国政府与许多国家签订了避免双重征税协议。内容主要包括：避免双重征税，德方对已在东道国纳税的子公司汇回利润不再征税；税收无差别待遇，要求东道国对跨国公司子公司、分公司取得的利润及其资本不得有税收歧视，必须与其国内企业享有同等税率甚至更多优惠；实行特定的限制税率，原则上对股息、特许权使用费等方面的投资所得采用 10% ~15% 的限制税率。

3. 以商会为桥头堡"抱团走出去"

德国通过多种方式保障企业对外投资的利益，降低企业对外投资的风险。德国建立了完善的对外投资担保体系，制定并颁布了《对外投资担保条例》，详细规定了投资担保的原则、条件、申请程序及担保损害处理等内容。担保风险主要针对德国企业对外投资及其收益因东道国政治事件或政策变化造成的损失；而商业保险公司通常不承保这类风险，或在收取高额保费的情况下方予以承保。政府投资担保使企业在对外投资中遭遇非商业风险时能够及时得到经济补偿和资金保障，以避免和减少经济损失，在可能情况下使企业投资得以继续进行，保障其商业利益。德国工商总会（DIHT）是由 82 个独立的工商会（IHK）组成的行政联合机构，其派出的驻外机构遍布全球，到目前为止，已在 70 多个国家设立了 110 个驻外商会或代表处。这些机构与世界各地的德国驻外大使馆经济部以及德国外贸新闻处密切合作，对德国企业在世界各地的投资、特别是中小企业的投资起到重要的促进和保护作用。

4. 搭建多元化的综合咨询服务平台

德国政府各相关部门发挥联合服务效应，并借助社会中介的力量为跨国公司提供全方位咨询服务。多年来，德国财政部、经济劳动合作部、中央银行、金融监管局等政府部门致力于建立科学、高效、透明的公共信息服务平台，为跨国公司提供各种服务，如东道国法律政策咨询、投资环境分析、市场机会和风险咨询等，并委托律师行、会计师行及各类专业调查公司协助对外投资企业做详细的市场调查。联邦政府还聘请专家为企业的海外经营提供咨询服务，并可出资让企业参加各类投资及贸易洽谈会。政府还提供一般性投资环境、市场及潜在投资伙伴的信息，以及在运营阶段出现问题时应如何解决等信息。德国有多家促进企业到海外投资的机构，其中最主要的三家是德国投资发展公司、德国技术合作公司和德国复兴信贷银行。

（三）日本对外投资促进服务平台体系建设经验

日本政府在培育和发展本国跨国公司时可谓不遗余力，通过采用财政、金融、支持企业创新、信息服务、人才培训等手段有力地推动企业进行跨国经营，并成功培育出一批世界级的跨国公司。

1. 突出战略性产业和技术政策支撑

日本企业能够成功进行跨国经营并得以飞速发展与其国内的产业政策和技术政策导向是密不可分的。日本政府通过建立有效的产业政策实施体系，扶持战略产业，积极推动本国企业进行跨国经营，提升国家竞争力。自1949年起日本通产省的主要政策就是选择和促进能在国际市场竞争的战略产业。如20世纪50年代和60年代早期包括钢铁、造船和电力在内的战略产业，20世纪70年代和80年代的汽车与半导体等耐用品产业，20世纪90年代的电子和计算机研究等高科技产业。为促进企业自主创新，日本政府对研发项目实施财政补贴。

2. 注重金融财政资金服务平台建设

日本政府对跨国企业的资金支持，是通过政府金融机构和大型商业银行提供各种形式的优惠贷款和资金支持得以实现的。日本政府给银行提供了充足的资本金、准备金和营运资金及稳固的业务融资渠道。这些低成本的资金来源既规避了有关补贴的国际规则，又有利于防范风险。此外，日本政府还给予政策性银行免税优惠。为鼓励企业海外投资和跨国经营，日本政府设立了日本国际协力银行，对日本企业海外直接投资的投向、投量发挥诱导和资助作用。如成立了海外风险勘查基金，对资源勘查进行事前的补贴，补贴一般都在50%以上，有些项目甚至可以达到100%，如若项目失败，由基金提供的补贴无须偿还。

3. 构筑完善的"走出去"配套政策

一是日本政策改革完善了一套便利企业"走出去"的政策体系。日本政府积极改善企业对外投资的管理制度，简化审批程序，为企业跨国经营提供便利化服务。日本对外投资除涉及军事、国家安全等敏感领域的项目外，对外投资1亿日元以上只需到银行备案，1亿日元以下投资项目自由化。二是建立和完善保险政策体系，提高企业抗风险能力。日本建立了海外投资保险制度和海外投资损失准备金制度。在日本，其海外投资的政治风险由政府机构作为担保，日本经济产业省下属机构负责审批。此外，日本还设立了海外投资亏损准备金，对企业进行补贴，企业和政府共同承担海外经营风险。

4. 构建系统的"走出去"信息体系

日本构筑了由政府和民间、专业团体与综合团体组成的信息收集、咨询网络，及时向企业提供对外投资信息情报。其中，经济产业省定期派遣投资环境考察团调查国外投资环境，鼓励企业参加国际会议，开展海外技术交流活动；开设创新企业海外直接投资支援网络，扩大国际交流的范围；定期对日本企业海外事业活动基本情况进行调查。

5. 培养吸引专业人才提供智力支撑

日本在 20 世纪 80 年代提出要培养在国际社会中被信赖和尊敬的日本人。为吸引国外优秀经营管理人才，日本政府通过修改入境管理条例，为具有"专门知识和技术"的人才提供在日本就业的机会。日本政府还鼓励本国企业通过购买、吞并外国企业或公司的方式，将其中人才占为己有。同时，日本政府大力提倡高校与企业界联合培养高层次的国际化人才，为此，政府内专门设立了由有关部门负责人组成的国际化人才"推进总部"，专项推进国际化人才的培训工作。

（四）韩国对外投资综合服务平台体系建设经验

韩国企业对外投资的发展离不开政府强有力的援助和扶持。除了传统的信贷、财税等优惠政策外，以大韩贸易投资振兴公社（KOTRA）、中小企业厅、中小企业振兴公团、韩国贸易协会、大韩商工会议所等为代表的政府和民间组织携手，在促进韩国企业的对外经贸活动中发挥着基础性作用，形成了韩国独具特色的对外投资综合服务体系。

1. 突出民间经济组织的服务作用

为振兴韩国的贸易和对外出口，1962 年韩国政府设立了大韩贸易投资振兴公社。其作为韩国最大的民间经济团体之一，发挥着重要的对外贸易服务职能。其服务内容涵盖了与贸易相关的方方面面，包括外贸企业登记、海外市场调研、国内外相关法规介绍、各种外贸问题咨询、贸易中介、协助企业开拓海外市场、协助企业培训贸易人才等。值得一提的是，该协会设立的综合贸易信息服务系统，提供贸易速报、经济信息速报、贸易实务、汇率动向、产业信息、营销支援信息、国内外经贸统计等信息，内容详尽快捷，成为韩国企业从事经贸活动和境外投资的重要参考信息。

2. 格外注重扶持中小企业的发展

除了在财税、信贷、政府采购等方面给予直接的政策性扶持外，韩国还设立了专门的机构加以扶持。中小企业厅隶属于韩国知识经济部，专门负责制定和实施中小企业发展计划和政策，为中小企业在创业、资金、人力、进出口等方面提供政策支持。

近年来，中小企业厅致力于培养和扶持拥有独立技术、在国际市场上具有竞争力的中小企业。除了就企业提出的申请项目提供援助外，还直接帮助企业分析产品的优劣势，并提供技术开发援助以促进企业完善产品、增加出口。为了便于区域双边或多边经贸活动的开展，推进贸易自由化，韩国政府非常重视 FTA（自由贸易协定，Free Trade Agreement）的签订。同时，为了提高企业的 FTA 协定利用率，最大限度地发挥 FTA 协定的效能，韩国关税厅在全国开设讲座以强化其宣传。2012 年 2 月，为了提高中小企业对 FTA 协定的利用率，政府专门成立了"FTA 贸易综合支援中心"。由税务、会计、IT 等方面的专家组成的支援团专门为中小企业提供有关特惠关税、原产地证明等方面的咨询服务，同时在通关、贸易对象国政府检验查证等方面为中小企业提供帮助。

3. 重点优化进出口环节配套政策

韩国关税厅全面完成了电子通关系统建设。该体系由进口通关、出口通关、税款征收、进口货物管理、出口货物管理、税金返还及通关一站式窗口七个部分组成，简称 UNI-PASS。数据显示，UNI-PASS 系统的引入，使进口通关手续由过去的 4 小时缩短为 2 小时，出口通关手续则由过去的 1 天缩短为 2 分钟内完成，税金返还也由过去的 4 天缩短为 1 小时内完成。通关手续的简化极大地缩短了进出口的通关时间，提高了通关效率。

4. 培养"走出去"国际经营人才

为培养全球化的商业领导人才，韩国政府在 20 世纪 90 年代提出了"国际经济人才"的培养计划，并由教育部赞助、联合韩国九所知名大学成立专门的国际研究生院，招收世界各地的精英大学毕业生；同时建立国家研究所，并鼓励本国科研院所与跨国公司开展技术合作。此外，政府还积极资助有关人员到海外培训，学习跨国公司的先进技术、管理经验和操作流程等内容，或在国内建立完善的培训机制，为韩国公司与其他跨国公司的交流减轻了障碍。

（五）上海自贸区境外投资服务平台建设经验

上海自贸试验区境外投资经过了设立之初第一阶段以投资管理体制改革为核心的 1.0 版本，境外投资制度审批改备案、突出投资管理便利化；再到第二阶段以金融改革为核心的 2.0 版本，实现境外投融资便利化；如今已启动第三阶段以构建境外投资管理服务链为核心的 3.0 版本，推动境外投资逐步与国际接轨，实现更高水平的发展。上海自贸试验区的目标是成为中国跨境投资最佳平台。因此，基于这种较高的战略定位，其做法和经验很值得南沙自贸区借鉴参考。

1. 搭建线上平台为"走出去"企业提供服务

上海自贸试验区境外投资服务平台已于 2014 年 9 月 2 日正式上线。该平台集融资、保险、咨询等功能于一体，实现了线上、线下同步开展境外投资服务工作，为国内企业"走出去"进行全流程服务。2015 年 9 月，上海自贸区还依托"中国（上海）自由贸易试验区境外投资服务平台"成立了"浦东境外投资服务联盟"，进一步完善了境外投资服务体系。该联盟集融资、保险、咨询等功能于一体，为企业境外投资提供综合性服务，涵盖综合咨询、境外投资备案、投资项目推荐、投资地介绍、行业分析、境外投资专业服务等功能。联盟还将吸引一些海外协会和驻外机构，为企业提供海外投资环境、项目等方面的最新信息。自贸区境外投资服务联盟成立后，将打造境外投资全生命周期服务体系，整合律师事务所、会计师事务所、咨询机构、评估机构、融资服务机构等专业服务力量，推进境外投资项目库、资金库、信息库的建设，实现政府、中介机构与企业的有效连接与信息共享，建设全国领先、与国际接轨的境外投资全过程服务链。此外，自贸区还将打造一系列企业境外投资保障体系，包括与专业机构合作、向企业提供重点国别和重点行业的评估报告、帮助企业规避风险等。

2. 完善政策体系提高企业"走出去"的效率

上海自贸试验区成立后，在境内资本"走出去"方面，自贸试验区率先实行了境外投资备案制，由自贸试验区管委会进行"一表申请，一口受理"。自贸区管委会对 3 亿美元以下的境外投资项目一律实行备案，并且由自贸区管委会进行一口受理，无须提交任何可行性研究报告。材料齐全的，三个工作日之内企业就能拿到境外投资项目或境外投资开办企业的证书。正是凭着这样的高效，依晨投资在众多竞争者中脱颖而出。2015 年 4 月扩区后，在原外高桥受理点的基础上，增设了市民中心境外投资受理窗口，并将备案范围覆盖至整个浦东新区，成为全市首个自行备案境外投资企业的试点区域。境外投资实行负面清单管理模式，在备案的基础上实行事中、事后监管。这些措施提高了新区企业境外投资便利化程度，促进了企业境外投资的积极性。

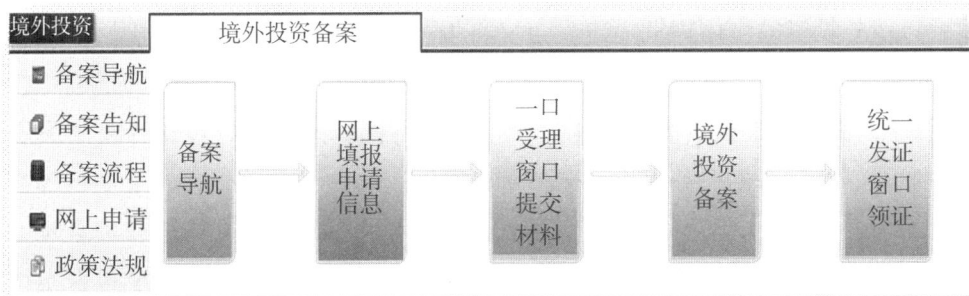

图 8-1　上海自贸试验区境外投资备案审批流程示意

3. 构建金融服务平台为"走出去"提供便利

企业"走出去"除了要抢时间，还要有"弹药"，那就是外汇资金。在资金环节上，经过央行简政放权，现在上海自贸试验区内的商业银行可以通过自由贸易账户为企业办理人民币划转或者过户手续，实现资金顺利"出海"。在自贸试验区内，对外投资的企业可以很方便地实现资本"出海"。通过内保外贷、跨境并购和项目贷款、跨境资产管理和财富管理、人民币跨境使用、自由贸易账户安排等金融创新手段，自贸试验区为企业开展跨境投资、境内外资金进出、境内外融资、资金管理等提供了便利的环境。

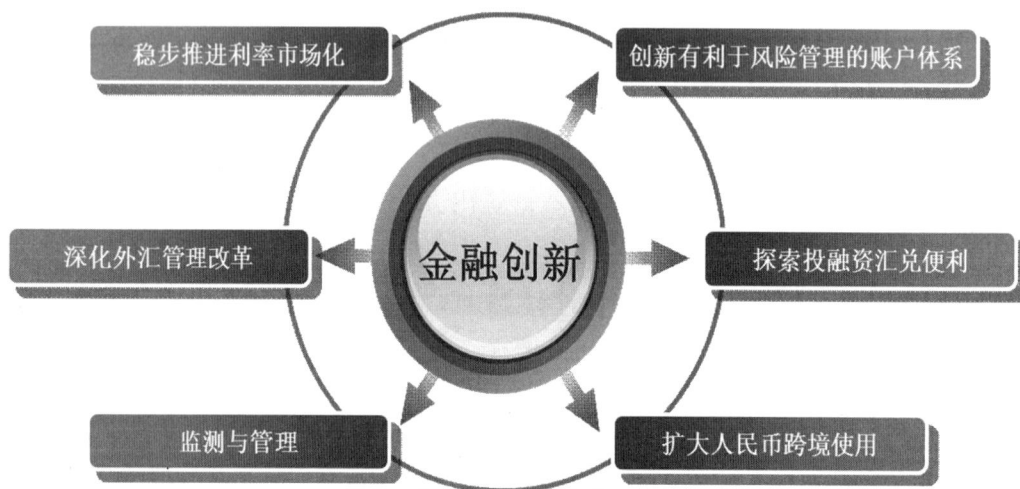

图8-2　中国人民银行关于金融支持上海自贸试验区建设的意见框架内容

4. 优化服务体系为企业"走出去"提供支撑

平台以境外投资的生命周期为出发点，将境外投资分为六个阶段："投资架构规划""项目评估选择""境外投资备案申请""境外投资实施""项目营运管理""投资分配及后续"。依据境外投资所经历的六个阶段的不同特点，指导投资者在"投资架构规划"阶段，从自身的业务模式、交易安排出发，兼顾税务筹划、外汇支付等方面的特点和需求，全面分析和权衡各类投资架构的利弊，审慎设计和搭建合理合规的投资架构，并充分利用自贸试验区企业注册实行一口受理的优势，快速完成投资主体的设立；在"项目评估选择"阶段为投资者推荐适合的境外投资和并购项目，以及与之相关联的投资地政策、行业分析报告等，并提醒投资者在实施投资前对项目开展尽职调查，有效防范和控制风险；在"境外投资备案申请"阶段，指导申报企业足不出户，通过平台的备案直通道在线上提交境外投资备案申请，并可线上跟踪项目办理进程；在"境外投资实施"阶段，向用户介绍了运用离岸公司开展境外投资，以及海外融资、海外商标专利申请等方面的相关内容；在"项目营运管理"阶段，向用户展现平台所提供的各类专业服务的详细分类和具体产品，旨在通过专业、高效、全面的服务体系为"走出去"企业全程保驾护航；在"投资分配及后续"阶段，向用户提示并分析诸如利润汇回、股权转让、境外上市、返程投资、投资退出机制等几种十分常见的情形，对相关法律规定做出详尽的分析和专业的解读，指导企业促进其资产在不断循环中实现增值，提高资产组合质量和效率，增强企业的核心竞争力和可持续发展能力。

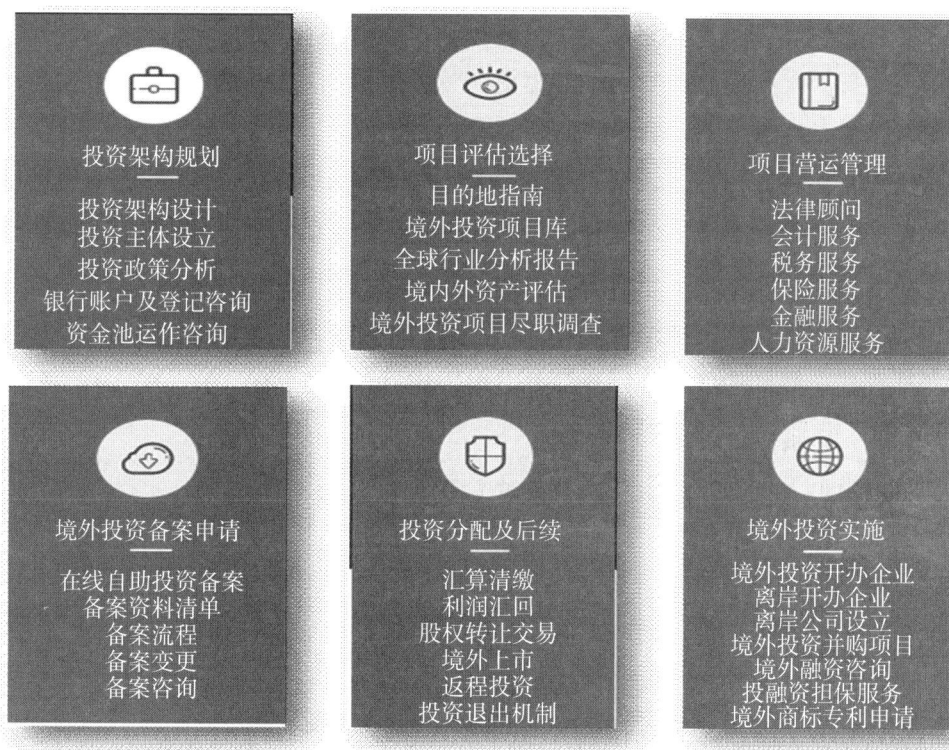

图 8-3　上海自贸试验区境外投资服务平台的综合服务内容示意图

（六）苏州国家级境外投资服务示范平台建设经验

苏州工业园区是中国和新加坡政府间首个旗舰型合作项目。2015 年 10 月 13 日，苏州工业园区管委会与新加坡国际企业发展局共同签署了《关于在苏州工业园区共建"境外投资服务平台"的合作意向书》，苏州工业园区"国家级境外投资服务示范平台"成为全国首个境外投资服务示范平台。园区通过积极整合集聚国内外优势资源，着力强化公共服务、人才培训、投融资服务、国际化服务四大功能，专注拓展海外实业投资、海外资本市场投资、海外并购、海外风险投资等领域，将通过 3～5 年的发展，将示范平台打造成为"企业相对集中，政府管理和服务相对集中"的区域，为全国"走出去"企业提供集成化、专业化的服务，特别是在金融、培训、中介、风险防范等方面做出有益探索。

1. 健全完善"走出去"政策体系

根据《境外投资管理办法》，苏州工业园区获商务部授权，自行备案除涉及敏感国家和地区、敏感行业的境外投资，协助转报涉及核准管理及其他相关特殊行业，并加强与境内外监管机构的沟通协调。园区为境外投资企业提供一站式注册、备案服务，进一步简化境外投资项目外汇登记、对外担保等外汇管理手续。简而言之，符合条件的企业只要在园区备案就能进行境外投资，不必再跑到商务部审批。

2. 构建"走出去"全过程服务链

园区设立为境外投资提供一站式服务的专门促进机构，打造境外投资全流程服务体系。包括对接国家相关部门的海外政策资讯平台，整合国内外优秀律师事务所、会计师事务所、咨询机构、评估机构、融资服务机构等专业服务力量，推进境外投资项目库、资金库、信息库的网络平台建设，实现政府、中介机构与企业的有效链接与信息共享，建设全国领先、与国际接轨的境外投资全过程服务链。

3. 强化"走出去"投融资服务支撑

加强和国际间及国家级投融资机构战略合作关系，为境外投资企业寻求海外发展机会和资金支持。设立境外投资并购基金，支持企业进行国际间整合并购。充分利用各类试点金融政策，落实跨境人民币双向借款及境外发债业务、合格境外有限合伙人制度、资本项下限额内兑换、外债宏观审慎管理、合格境内个人投资者政策先行先试。

4. 培育吸引优秀"走出去"人才

发挥园区作为商务部培训基地的作用，支持高校、培训机构与企业互动。通过合作办学、专业培训、实岗锻炼等多种方式，为境外投资企业以及海外项目培养跨国经营管理人才和专业技术人才。此外，园区制订专项企业发展计划，设立境外投资专项发展资金，对符合条件的境外投资企业给予开办及办公用房补贴、国际市场开拓补贴、咨询费用补助和人才培训奖励等扶持政策。

（七）厦门境外投资服务平台建设经验

1. "走出去"线上服务充分整合、有效联动

厦门境外投资服务平台由专门的网站、微信公众平台、微信群三位一体构成，由

与境外投资有关的政府部门、专业机构、商/协会、外事机构等共同支撑运行，旨在通过部门机构联动，为厦门市的"走出去"企业提供投资管理、政策解读、招商信息、风险解析，以及金融、财税、法律等一站式信息服务。

2. "走出去"服务联盟平台支撑、优势互补

厦门"走出去"服务联盟由该市12家与境外投资有关的权威服务机构共同牵头组建，并从全国各地吸收部分专业服务机构加入。联盟设立金融、财税、法律和投资促进四个小组，采取轮值制，围绕企业走出去的财税、金融、法律、风险、文化、劳工等问题，联合开展企业调研、专题研讨、人才培训等活动，为厦门市企业赴海外投资和开展经贸活动提供全方位、高水准的专业服务与支持。

3. "走出去"线上线下服务联动，无缝对接

以提升境外投资服务水平为核心，着力打造一个基金、一个平台、一个链条，即探索设立厦门市境外股权投资基金——海丝基金，构筑境外投资一站式服务平台，构筑走出去服务链条；推动设立"海丝基金"，对重点地区、重点领域的境外投资重点项目提供专业性金融支撑，重点支持资源合作型、科研平台型、贸易带动型以及"一带一路"沿线国家和两岸携手"走出去"的境外投资项目。同时，积极引导政策性银行发挥资金价格优势，借助境外项目人民币贷款的杠杆支持作用，为境外项目企业提供全方位的融资支持。

二、南沙自贸区"走出去"综合服务平台建设总体思路

（一）南沙自贸区"走出去"综合服务平台界定

传统"走出去"综合服务平台的内涵主要是从经济层面的对外投资合作入手界定，推进当前企业对外投资、对外承包工程、对外劳务合作等业务。从国内外"走出去"的实践经验看，建设企业"走出去"综合服务平台，就是要构建一个开放、统一、系统的全方位综合服务平台，将对外投资和经济合作的资源进行系统性整合，重点对投资对象国或地区的相关法律、外商投资政策、风俗习惯、市场状况、消费特点等方面进行分析评价，为企业梳理更全面的投资信息和更完善的公共服务流程，为企业对外投资等"走出去"业务助力。

1. 南沙自贸区"走出去"综合服务平台的内涵

在自贸区建设的背景下，南沙自贸区"走出去"综合服务平台被赋予了新的内涵。与传统"走出去"综合服务平台的内涵相比，自贸区"走出去"综合服务平台的

内涵的广度和深度都有了质的提升和飞跃。自贸区"走出去"综合服务平台是指集融资、保险、咨询等功能于一体，为企业提供境外投资全产业链服务体系和境外投资全生命周期服务体系的综合性服务平台。其整合了律师事务所、会计师事务所、咨询机构、评估机构、融资服务机构等各类专业服务力量，推进境外投资项目库、资金库、信息库的建设，实现政府、中介机构与企业的有效链接与信息共享，打造与国际接轨的境外投资全过程服务链。

2. 南沙自贸区"走出去"综合服务平台的功能

（1）企业"走出去"一站式专业服务平台。

平台将建设一站式"走出去"综合信息门户，为"走出去"企业提供风险提示、规划、政策等完备的资讯信息。平台将整合项目审批备案、专项资金申报等各类"走出去"行政服务，提高自贸区行政服务效率。平台将整合法律、会计、融资、报关、人才引进培训等的"走出去"中介服务，同时建设走出去企业经济运行监测系统，实现对企业的管理与指导，为管理机构或政府部门决策提供依据。

（2）自贸区"走出去"政策体系支撑平台。

综合服务平台将系统梳理国家、省市政府各部门促进企业"走出去"的法规和政策，对重要法规政策进行分析解读并向"走出去"企业公开。此外，还会根据南沙自贸区企业"走出去"具体实践情况和现实需要，对现有的政策体系进行不断改革和更新完善。

（3）自贸区"走出去"企业战略联盟推动平台。

综合服务平台将推动各类"走出去"企业建立"走出去"企业战略联盟，引导企业战略联盟抱团"走出去"、分散对外投资风险、开拓国际市场、提升"走出去"企业国际竞争力、规避贸易壁垒等。同时，引导战略联盟通过改进组织形式、更新发展理念，实现数量和质量的双提升。

（4）自贸区"走出去"行业协会商会促进平台。

综合服务平台将整合各类行业协会和商会资源，引导其规范行业内竞争秩序，推进国内标准国际化，研究行业风险，聚合行业信息资源，争取国际经济领域话语权。这样，"走出去"企业可以实现互利共赢，增强竞争优势，并进一步强化自身内部建设，突出专业，强化自律，确立行业权威地位，立足国际，开拓视野，促进国内外行业协会间的交流。

3. 南沙自贸区"走出去"综合服务平台的外延

（1）"走出去"企业战略联盟服务平台。

"走出去"企业战略联盟是指两个或更多"走出去"企业，出于降低企业"走出去"的风险和实现企业海外经营目标的考虑，通过各种协议、契约而结成的优势相长、风险共担的企业组织。"走出去"企业战略联盟可以通过建立战略合作与信息共享机制，搭建投融资和信用保险统保平台，设立"走出去"发展引导基金，解决企业资金和风险问题，推进国际产能合作。目前，"抱团出海"已经成为国内"走出去"企业寻求海外发展机遇，降低海外经营风险的重要模式。因此，整合自贸区内"走出去"企业，形成有效的战略联盟，可以增强"走出去"企业自身及联盟竞争力，使其在复杂的国际环境中求得生存和发展。

（2）"走出去"政策服务体系。

"走出去"政策服务体系是指国家、广东省及南沙自贸区三个层面为推动企业"走出去"和开展对外直接投资业务而设立的相关机构所制定的相关政策法律及采取的各种促进方式与手段等的集合体。政策体系主要包括以下子体系：法规体系、支持"走出去"政策体系、服务措施政策体系、风险防范政策体系、协调政策体系和评价体系等。

（3）"走出去"行业协会服务平台。

"走出去"行业协会是一种民间性组织，指介于政府与"走出去"企业之间，为企业提供"走出去"相关咨询、沟通、监督与协调的社会中介组织，是我国社会主义市场经济体系中不可缺少的重要组成部分，是加强和改善行业管理与市场治理的重要支撑，是联系政府、"走出去"企业、市场之间的桥梁纽带。在国际经济合作中，"走出去"行业协会的作用不可忽略。推动南沙自贸区"走出去"行业协会的建设，是维护"走出去"企业利益，进一步释放企业境外投资活力，推进企业"走出去"步入转型升级、提质增效的重要手段。

（二）南沙自贸区"走出去"综合服务平台建设背景

1. 优势与机遇

（1）"走出去"政策配套强力支撑。

南沙自贸区积极推动"走出去"制度创新，率先建立跨境电子商务监管模式，实施了国际贸易"单一窗口""互联网＋易通关"、海关快速验放、国际转运货物自助通关、检验检疫"智检口岸"、以政府采购形式支付查验服务费用、陆路跨境快速通关等一批标志性改革，通关便利化水平显著提升。广州市在全市率先推行企业设立登记"一口受理"新模式，实现"十一证三章"联办，市场准入联办证件数量和效率全国领先，还实施了"一照一码"、综合窗口服务等改革。

（2）良好的"走出去"经济发展基础。

南沙自贸区地处珠三角地理几何中心，距香港38海里、澳门41海里，是广州通向海洋的通道。2015年，南沙自贸区实现地区生产总值1 133.07亿元，一般公共预算收入71.25亿元，固定资产投资620.55亿元。"十二五"期间，上述指标年均增速分别为18.3%、23%、38.4%，增速均位列广州市首位。截至2015年，已有50个世界500强企业投资落户南沙自贸区，超过50家各类总部型企业进驻，集聚了108家融资租赁企业、654家金融和类金融机构、709家跨境电商企业、1 200多家航运服务企业。其中，2015年外贸进出口总额达1 526亿元，跨境电商企业实现交易额13.84亿元，旅游购物出口78亿美元。

2. 问题与挑战

（1）"走出去"能力短板亟待补齐。

南沙自贸区企业"走出去"面临的困难和制约因素主要有：一是企业思想认识仍存偏差。相当一部分已经具备跨国经营实力的企业缺乏全球化视野和理念，不愿意冒风险，开展跨国经营动力不足。二是"走出去"工作思路、政策举措不配套。现有政策措施侧重于"引进来"，对企业"走出去"重视不够，政策扶持偏弱，工作机制不完善。三是服务保障机制不健全。政府服务、金融服务、安全援助等向境外延伸不足；对外投资合作的专业服务机构较少，企业缺乏有效、权威的渠道了解相关投资项目信息和投资政策信息。四是政策支持体系不完善。企业开展境外投资牵涉部门较多，审批时间较长，企业人员进出境管理不适应境外投资的需要；政府扶持仅限于财政资金补贴，手段比较单一。五是跨国经营的意向区域风险上升。自贸区企业对外投资主要集中在亚非拉等新兴经济体，而当前这些区域经济政治形势复杂多变，针对我国投资者人身、财产安全的治安事件时有发生，增加了企业"走出去"的安全风险。

（2）"走出去"平台建设难度需要正视。

企业"走出去"综合服务平台建设的难度主要有以下几个方面：一是梳理"走出去"政策，整合政府内部资源有难度。综合服务平台要求做到在充分梳理"走出去"政策的前提下，充分整合部门行政资源，形成部门合力、顺畅衔接，而这在当前部门条块分割的行政管理体制下有实现难度。二是充分整合"走出去"服务，聚合各类机构主体有难度。从当前国内成熟运行的对外投资服务平台提供的服务来看，涉及金融、会计、评估、财税、咨询等众多专业领域，背后需要整合大量专业机构作为支撑。因此，筛选符合要求的机构，并将其充分整合需要一套复杂的运作机制。三是广泛覆盖各类"走出去"企业，及时高效服务有难度。从南沙目前"走出去"企业的结构和质量来看，尚未形成一批拥有自主创新能力和自主品牌的本土跨国公司群体。"走出去"企业仍以低端要素参与国际竞争，缺乏核心技术和知名品牌。大企业与中小企业之间的产业网络关系比较松散，如何为不同类型企业定制适合的"走出去"服务需要科学筹划。

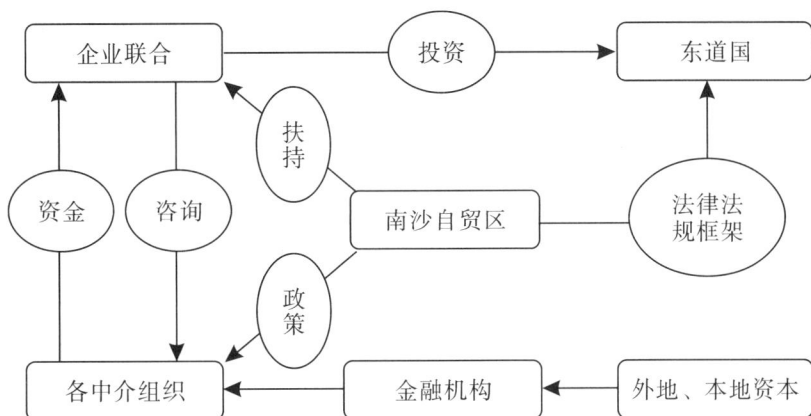

图 8-4　南沙自贸区企业"走出去"综合服务平台服务链示意图

（三）南沙自贸区"走出去"综合服务平台的建设原则

南沙自贸区构建"走出去"企业综合服务平台的基本原则为：政府主导，社会参与；立足战略，突出特色；强化整合，整体推进；完善服务，提高效率。

1. 政府主导，社会参与

南沙自贸区作为企业"走出去"综合服务平台的建设主体，牵头各个部门进行企业"走出去"综合服务平台的具体建设，进行宏观指导、资金投入、功能配置、维护运行和综合协调。"走出去"企业战略联盟和行业协会商会作为中间层级，既接受服务，同时也直接服务"走出去"企业。"走出去"企业作为被服务对象，获取政府、企业战略联盟和行业协会商会等相关机构的各类"走出去"服务，从事"走出去"的具体实践操作。

2. 立足战略，突出特色

聚焦"一带一路"等重大国家战略，围绕南沙自贸区企业"走出去"的具体需要，构建综合性、多领域、系统化的服务体系。调动政府部门、企业联盟、行业协会、"走出去"企业，以及金融、会计、咨询等机构的多方面的积极性，依托南沙自贸区自身特色及产业资源优势，提升企业"走出去"工作水平。

3. 强化整合，整体推进

统筹政府部门、科研院所、企业联盟、行业协会、金融机构、中介服务机构及海外相关组织机构，搭建服务平台，为各类"走出去"企业提供优质服务资源。"走出去"政策体系、企业联盟、行业协会和网络平台同步建设，整体推进。

4. 完善服务，提高效率

在有效整合各类"走出去"服务机构的基础上，突出"走出去"综合服务网台建设，整合完善各类行政、信息咨询等服务，并将之平台化、信息化和网络化，迅速形成对企业"走出去"的支撑能力，提高对"走出去"企业的行政服务效率。

（四）南沙自贸区"走出去"综合服务平台建设对策

1. 推进简政放权和政策引导

南沙自贸区对外投资审批相关部门应建立以"备案为主、核准为辅"的境外投资管理方式，1亿美元以下的境外投资项目直接由相关部门备案，并且实行无纸化备案管理模式，进一步优化境外投资管理流程，提高投资项目备案效率。同时，根据国家发改委即将出台的《政府核准和备案投资项目管理条例》，积极推动境外投资项目实行事后备案制。外汇管理部门也应进一步简化境外投资项下外汇登记、对外担保等外汇管理手续，加快推进跨国公司外汇资金集中运营管理改革，鼓励使用人民币开展境外投资，强化"走出去"政策引导作用。南沙自贸区工作办公室应专门出台进一步促进自贸片区内企业"走出去"的方案和意见文件，全力支持企业建设境外产业集聚园区，承揽大型基础设施项目，推进国际产能和装备制造业合作。自贸区各商务或贸易促进等相关部门应具体指导企业用足、用好国家和省级各项"走出去"扶持促进政策，提高企业"走出去"的积极性。税务部门积极落实有关多、双边税收协定和境外所得税抵免政策以及相关税收优惠政策。

2. 搭建"走出去"合作平台

（1）推进建设南沙自贸区境外工业园区。

搭建自贸区企业海外发展基地，鼓励在园区开发方面比较有经验和资质的大型企业以及具有建设开发区经验的开发区管委会，到与南沙自贸区经贸合作较为密切的东道国投资布园，形成统一的"走出去"支持性平台，帮助自贸区中小企业进行国际扩散。政府出面与东道国协商签署类似双边投资协议的合作框架，帮助企业搭好台，消除双边合作的制度性障碍。要与东道国建设合作共赢的可持续运营能力，在保障园区自身及所在企业利益的同时，注重培育企业在当地的社会责任意识和公共责任意识。

（2）深化推进重点区域合作。

南沙自贸区要利用有利地缘地区和经济发展优势，继续深化与港澳、东盟、非洲以及我国台湾等地区的合作；重点利用好海上丝绸之路起点的优势，与"一带一路"战略对接，深化与相关国家的经贸联系；积极承办跨国和跨地区的主题合作论坛、项目推介、会议等活动，促进全方位合作，提升对外合作规模和层次。

（3）扩大对外交流合作。

南沙自贸区应积极组织区内企业参加相关对外投资和劳务承包对接会、项目推介会，加强与重点地区政府机构、驻外使领馆、侨务机构、在外商会和投资服务机构的交流对接，及时获取项目信息，发现投资机会；举办出国项目洽谈会，组织有意向的企业赴国外考察项目、获取信息；做好同港澳项目的对接，推进劳务、资金、技术等领域的对接交流。

3. 抓好关键服务体系建设

（1）重点做好"走出去"金融服务。

建立与政策性银行、商业银行等金融保险机构的合作机制，推动金融机构开展离岸金融业务，联合人民银行（外管局）探索内保外贷、外保内贷信贷业务，推进跨境资金集中营运试点，争取保险机构支持，为"走出去"企业提供信用保险和融资便利；鼓励金融机构加强运用以境外资产、股权、并购项目，以及境外应收账款、出口退税单据等为担保的融资方式，积极发展多种形式的境外股权投资基金。积极争取中非发展基金、中国与东盟投资合作基金、丝路基金、省级商务发展基金等，支持重大对外投资合作项目的建设。

（2）强化风险防控。

依托国家重大国别（地区）风险评估和预警机制，加强对高风险国家（地区）的风险指导和监管，建立完善南沙自贸区企业"走出去"动态监测体系，及时掌握境外企业资产质量、经营效益和人员状况等信息；创新设立自贸区涉外法律援助基金，为在外中小企业和劳务人员"走出去"提供涉外法律服务；鼓励政策性和商业保险等机构为对外投资合作企业提供国别和项目风险咨询服务，保障"走出去"政治风险和商业风险；严格对外承包劳务项目审查备案，规范外经企业的经营管理行为，加强外派人员安保知识和技能培训，按规定参加工伤保险和境外人身意外伤害保险，确保"走出去"企业和人员的生命财产安全。

4. 建立强化信息服务观念

（1）拓展和疏通"走出去"信息服务渠道。

加强与国家部委、我驻外使领馆等的联系沟通，及时发布对外投资合作公共信息；加强与中央企业、海外商协会、重要华商侨领等的合作，建立南沙自贸区企业"走出去"的商情信息网络；鼓励高校和科研机构加强与国外投资促进机构的合作，积极开展对境外政治、法律、市场、劳工等的专题研究，为"走出去"企业提供咨询服务。

（2）丰富"走出去"信息服务内容。

一方面，要挖掘现有政府信息资源，强化信息分析、预测功能，如国际市场信息分析、预测和调研服务功能，把握动态信息；另一方面，增强信息服务的能动性，加强对各类企业信息的综合管理，加快信息向企业服务的转化。通过网络、媒体等向企业提供国家政策、行业经验、市场行情、技术前沿、经济态势、国际形势等日常运作、市场营销、决策支持所需的即时信息。另外，还要提升"走出去"的信息传播效率。自贸区可以邀请成功"走出去"的中小企业或大企业的管理人员定期举办经验介绍座谈会，鼓励本地有意愿"走出去"的企业参加。另外，还要积极开展网上办公，真正实现"在线服务"。

5. 完善政企合作交流体系

南沙自贸区"走出去"综合服务平台建设可以考虑发展各类行业组织、社会组织，并支持国内行业商会和境外中资企业商会建立行业自律机制，协调企业境外行为，避免在境外盲目投资、无序竞争。改进政府发展思路、发展战略与企业发展目标、经营策略的对接，促进企业的经济效益与社会效益、环境效益相一致，进而达到整体利益与个体利益共同发展。具体措施包括：

（1）政府与相关企业可以成立"走出去"专职协调领导小组，建立企业与政府机构的经常性沟通渠道，为企业提供服务。这个小组可以成为综合服务平台的子平台，将各研究机构的研究成果、新技术以及各种经营信息通过网络提供给中小企业；利用综合服务平台和其拥有的各种数据，向中小企业提供经营、技术和信息等方面的咨询服务，并根据具体情况制订出具体的指导计划。

（2）构建政府与企业、大集团企业家之间的交流平台，通过热线电话、办公会议、座谈等形式，加强政府领导层和企业经营管理层之间的交流对话，加强信息互通。

（3）举办成功企业经理人讲座，让相关政府领导人和相关部门及时了解企业动态，吸收企业的先进理念，提升政府的服务质量。

6. 建设便捷网络服务平台

采取"一站式窗口＋网上服务"形式。"一站式网上服务系统"主要由网上行政审批、网上报表、企业共享数据库等部分组成，"走出去"企业办事时通过表格下载、网上预审、网上查询等方式，只需"一次交表、一次取证"，大大减轻了企业的负担。该服务形式，提高了政府的办事效率和服务效率，促进了政府由管理型向服务型的职能转变，为企业和政府架起了方便快捷的"电子桥梁"。以"一站式窗口＋网上服务"形式，为有意愿走出去的企业提供政策咨询、融资服务、风险分析等全流程服务，尤其是对金融、保险等部门的政策服务支持。还可以借鉴其他国家的先进做法来完善平台的境外风险防控体系与服务机制，可借鉴日本贸易振兴机构的做法，在条件成熟的时候，建立南沙自贸区海外信息咨询中心和商务联络机构，收集所在国家和地区的投资信息和风险防范信息，为广东省在当地的投资企业服务。

7. 搭建外向型人才体系

南沙自贸区应根据其自身的战略及定位，培养各种能帮助自贸区内企业"走出去"的外向型人才。建立跨国经营人才培训机制，加强与有关院校和专业机构的合作，定期举办跨国经营管理培训，为外经企业培养跨国经营复合型人才；加强与香港、澳门相关大学的交流学习，举办国际工程经营管理、跨国经营与风险管理和拓展"一带一路"投资合作高级研修班、国际投资巡回论坛等，帮助企业了解境外投资环境，增强企业跨国经营管理能力；举办对外劳务合作转型升级专题讲座、新获权企业和外经统计专题培训，帮助企业了解对外承包劳务的相关政策，提高统计质量和水平，促进企业加快转型发展。也可以借鉴好的经验，如我国台湾地区和马来西亚等国家通过建立生产力中心和专业的外向型知识培训中心来辅导中小企业直接对外投资。

三、南沙自贸区"走出去"综合服务平台三大形态建设方案

（一）"走出去"企业战略联盟服务平台

1. 引导成立各类"走出去"企业战略联盟

南沙自贸区应通过组织、协调的方式，将有实力、有能力、有意愿"走出去"的企业联合起来组建成南沙自贸区"走出去"企业联盟，并在企业联盟内部建设一个自治、开放的互助服务机制，搭建一个"走出去"信息服务共享平台，加强南沙自贸区"走出去"企业间的互利协作，优化政府的统筹协调和公共服务职能，推进优势产业的国际合作。

2. 推广建立以契约为基础的"走出去"企业战略联盟方式

目前，在开展对外直接投资的国际化经营过程中，我国企业大多数采用了合资入股的方式。但由于股权联盟对自身的资产进行了锁定，其治理结构复杂，缺乏灵活性，同时对联盟伙伴的要求与限制较高，增加了寻求联盟伙伴的难度。因此，负面影响不容忽视。而以契约为基础的联盟则比较靠近市场，无须建立新的组织，治理结构相对简单，交易费用相对较低，日渐成为一种流行的战略联盟范式。因此，南沙自贸区应引导"走出去"企业有意识地从股权联盟为主向以契约为基础的联盟方式转变。

3. 积极参与和拓展"走出去"企业战略联盟网络

鼓励"走出去"企业积极参与和拓展企业战略联盟网络，降低企业国际化经营风险。南沙自贸区"走出去"联盟各方围绕在具有主导影响力的联盟中心周围，根据各

自的核心专长，以及所处研发或生产经营的不同环节而形成距离不等、纵横交错的立体网络。联盟伙伴不仅包括了跨国公司，还包括了大专院校、研究机构等；联盟的目标也不局限于单一产品或产品系列，而是更多地集中于知识的创造。

4. 扶持培育自贸区中小企业"走出去"联盟

世界上企业之间的战略联盟大多是在一些跨国公司之间进行的，多为强强联合；有时出现强弱联合，也是因为弱势企业有某种特殊的资源优势，能为强势企业所用。目前，南沙自贸区"走出去"企业大多为中小企业，势单力薄，难以在国际市场上占据有利地位，缺乏与国外企业结成战略联盟的优势。因此，创建具有南沙自贸区特色的跨国中小企业联盟，成为当前自贸区企业"走出去"的一个主要任务。通过发挥跨国中小企业联盟的整体优势，可以降低企业的经营成本，极大提高广东省企业的国际竞争力。在此过程中，南沙自贸区应为中小企业对外结盟创造良好的环境和政策支持。

5. 引导"走出去"企业利用战略联盟，实施名牌战略

南沙自贸区企业在"走出去"的过程中，要着力塑造和培育出一大批高技术含量、高附加值的世界级驰名品牌，积极应对更多的外国商品和跨国公司竞争，以便在国际市场占有一席之地。现代信息技术的发展与跨国公司的全球扩张，使企业之间、尤其是跨国公司之间的竞争，已经从生产转移到创新、设计、融资、市场营销等方面，品牌和商标的重要性与日俱增。从品牌的效应讲，跨国竞争也就是品牌竞争，因为品牌在某种程度上是产品的灵魂。

6. 加强自贸区企业"走出去"战略联盟的有效管理

根据企业联盟运作机制，尽管"走出去"企业联盟合作的具体章程、职责均由联盟企业自己商定，但是政府应该主动为企业联盟提供参考或咨询。此外，"走出去"企业在合作的过程中要建立有效的伙伴监督机制，即在组建联盟初期，除了制定界定严格、目标明确、兼顾各方利益的协议外，还要制定明确的方案使联盟各方能随时监测联盟的进度与发展，使联盟沿着既定的路线运行，能随时了解系统内部生产要素的生产运行和转移，保证联盟的发展目标得以实现。除了建立硬约束，还有软约束，即联盟企业间的相互信任机制。综合服务平台应为联盟企业提供交流机会，加强联盟企业的了解与信任。

（二）"走出去"政策服务体系平台

1. 加快落实和推进国家对外投资审批环节的改革

（1）明确政府各部门职责，避免出现交叉审批和多部门管理的现象。

要进一步明确发展改革部门和商务贸易等部门的职责划分。要从前置审批、审核

到事后监管，对境外投资企业进行全过程管理与监控。发展改革部门应只管宏观规划，不再进行微观项目审核，从而建立更为清晰的管理体系。要创新境外投资管理体制机制，可参考国家部委在 2011 年建立的"走出去"跨境投资的部际协调机制，成立一个南沙自贸区海外投资综合管理机构，统一协调对外直接投资的宏观决策和操作模式。

（2）要减少自贸区"走出去"审批环节和程序，提高审批和管理效能。

进一步简化相关核准程序，减少审核部门，统一标准，简化审核内容和程序。要将前置审批制逐步过渡到自动登记制度，对境外投资实行全口径管理。落实外汇管理制度改革，大幅压缩外汇汇出前的审核周期，切实提升企业跨境投资和海外资金运作的便利化水平。创新国有企业对外投资管理模式，避免国有企业因"身份特殊"而"遭遇"国资委等更为复杂的审批程序。针对民营企业的对外投资，由于其资产所有权清晰，应当建立一个既方便民间资本对外直接投资，也有利于政府宏观监控的监管政策体系。

2. 加快构建完善的对外投资事后监管体系并突出监管重点

（1）要继续完善自贸区境外投资事后监管体系。

现行境外投资事后监管体系实施的是 2002 年原外经贸部颁布的《境外投资联合年检暂行办法》等法规，实际效果较差，究其原因是各自为政的审批体制与事后监管相脱节造成的。应加强"走出去"企业的年审工作，要求企业将当年的财务状况、重大投资决策等向商务部等部门提交报告，并由相应的开户行确认。

（2）针对不同的投资主体采取相应的有所区别的监管措施。

国有企业监管应该由国资委配合进行，建立内部风险控制机制，行使国有资产出资人的权利。而对于民营企业，采用事前备案，不必采用前置审批、审核方法，进行全程监控。要着重防止投资移民、资本外逃和境外非法经营问题，监管政策还需要进一步完善。

（3）加强自贸区重点"走出去"企业的监管力度。

在目前情况下，应重点监控对外投资超过 1 亿美元的项目。建立相应的法律、经济、行政处罚措施，确保境外投资者服从自贸区有关部门的监管，从而实现自贸区"走出去"工作的总体目标和利益。

3. 构建风险防控与政策协调体系

（1）建立政治风险评估和预警制度。

综合服务平台可由南沙自贸区政府负责海外投资的部门组织和管理，由政治风险预警机构配合实施，通过外交、行业协会、企业联盟、学术等渠道形成相对稳定的信息来源，不断获取各国有关信息，以便对东道国政治风险进行随时监测、量化和评级。

综合服务平台可以通过一系列的政治、经济和社会层面的指标来对一国的政治风险进行预警研究，从而构建起平台的政治风险评估体系。

（2）建立健全法律风险防控监控体系。

建立南沙自贸区"走出去"企业的数据库及监测管理平台，建立并完善对外经济合作统计制度、对外投资联合年检制度和对外投资综合绩效评价制度，及时了解与掌握南沙自贸区对外投资和境外企业经营的实际情况。

（3）建立和完善"走出去"风险防控机制。

从政府层面出发，建立健全境外经营风险评估体系、风险防范机制和境外风险应急体系，引导各类所有制企业有序到境外开展投资合作。从社会层面出发，加强南沙自贸区对外投资促进中的评价体系建设，对区域对外投资促进工作进行有效的评估和监督，评估南沙自贸区政策对于对外投资的规模、结构、质量及效益所产生的影响。

（4）加强政府间政策协调。

应借鉴国际经验，通过签订双边投资协定，如避免双重征税协定、司法协助协定、经济合作协定、贸易投资协定、社会保险协定等，运用我国在世贸组织中的权利，排除境外各种投资壁垒。切实利用好已经参加的多边投资担保公约和多边投资争端解决公约，加强宣传普及力度，促使南沙自贸区"走出去"企业实际使用多边投资担保公约和多边投资争端解决公约提供的相应支持，维护自身利益。

4. 重点突出财税政策和金融支持平台的促进作用

（1）加大对"走出去"企业的财税政策支持力度。

要制定支持南沙自贸区企业"走出去"进行海外投资的财政政策，建立南沙自贸区海外投资发展资金，资助符合条件的自贸区"走出去"企业的海外投资活动；或是将企业"走出去"的研发费用等支出和投资损失列入财政支出范围，对企业"走出去"进行直接资助。建立针对民营企业和中小企业的专项扶持资金，对符合政府鼓励政策的民营企业或者中小企业"走出去"进行扶持。制定相应的税收鼓励扶持政策和规范管理措施，如出口退税、免征出口环节增值税或消费税，以及境外投资所得税减免抵扣等。南沙自贸区应鼓励"走出去"企业境外再投资，可采取按投资资本一定比例退还国内所得税等措施。

（2）构建多层次的金融支持平台。

推进南沙自贸区"走出去"融资和担保平台建设，统筹安排部分"走出去"专项资金，引导设立以政策性融资担保公司牵头，企业、银行及担保公司多方联动的南沙自贸区企业"走出去"担保资金，为企业融资提供担保服务。建立支持南沙自贸区企业"走出去"的金融服务机构，建立和完善为企业"走出去"服务的各类金融咨询、担保和保险机构，尽可能为企业提供贷款和贷款信用保险。建立和完善为企业"走出去"服务的各类基金，形成多种金融机构、保险组织和基金并存，政策性金融和保险与商业性保险并存的格局，为企业海外投资提供尽可能完善的金融服务。落实外汇管理体制改革的各项政策，方便"走出去"企业的跨国投资项目。

5. 引导构建涵盖多领域的专业服务网络

应根据南沙自贸区"走出去"企业的分布情况和投资需求情况，加强国别和产业投资环境研究，通过南沙自贸区公共信息服务平台，向企业提供及时、充分的信息和咨询服务。积极引导各类机构为企业"走出去"提供优质服务。南沙区政府应大力鼓励和发展各类行业协会、中介机构等非政府组织，形成健全的非政府组织体系，合力培育市场支撑服务体系。各行业协会应根据行业优势、产品特点以及投资动因确定目标市场，借鉴境外投资经营的经验教训，加强企业之间的联系、交流和沟通，合理确定同类企业在同一目标市场的密集程度。公证、律师、会计、管理咨询等社会中介机构应增加为企业"走出去"服务的业务，加速培育和引进国际市场调查公司等中介机构，为境外企业提供资信证明、目标国的法律法规咨询及法律可行性意见书，调查和提供外国合作方的资质、信用并进行项目经济可行性评估，为境外企业的经营管理提供高质量的研究咨询报告。

6. 做好"走出去"人才培养及服务工作

专业型人才关系到企业能否成功"走出去"。南沙自贸区"走出去"综合服务平台需依靠各种官方和社会教育培训资源，为企业提供专业型人才培养的机会，根据企业的需求开展有针对性的培训。南沙自贸区可通过联合政府的海外投资促进机构，经常组织对企业家的培训，组织案例培训和境外考察；校企合作，确实落实和创新南沙自贸区提出的高校人才培养模式，培养实用型人才；还可以让中小企业做好各个阶段的人才需求计划上报给自贸区，再由自贸区相关部门统计并委托省院校培养各方面的涉外人才等方式落实高校培养模式。这种培养方向明确、投资少、见效快，能较好地发挥国内院校的人才优势和企业资金优势。此外，由于培训机构进一步社会化，培训载体可以由行业培训机构和部分大学共同组成，也可以由会计师事务所、律师事务所、劳动保障事务所和企业、政府有关部门及培训机构人员组成咨询机构，形成一个咨询网络。该咨询网络负责向学员进行有偿或无偿咨询服务，以解决他们在对外投资过程中遇到的政策和技术等方面的问题。

（三）"走出去"行业协会服务平台

1. 构建适应企业"走出去"的新型管理体制

南沙区政府各部门与行业协会商会"脱钩不脱责"，各行业管理部门按职能对行业协会商会进行政策和业务指导，并履行相关监管责任。其他职能部门和地方政府按职能分工对行业协会商会进行监管。民政部门依照相关登记管理法规，对行业协会商会加强登记审查、监督管理和执法检查，强化对主要负责人任职条件和任用程序的监督管理。财政部门负责支持政府购买行业协会商会服务的资金并对其行为进行评估和监管，并会同机关事务主管部门对行业协会商会使用的国有资产进行登记和监管。税务部门对行业协会商会涉税行为进行稽查和监管。审计部门对行业协会商会依法进行审计监督。价格部门对行业协会商会收费及价格行为进行监管。建立行业协会商会信用档案，建立行业协会商会信用承诺制度，探索开展信用评价工作，建立"异常名录"和"黑名单"管理制度，加大对行业协会商会失信行为的惩戒力度。加强对行业协会商会负责人的管理，落实法定代表人离任审计制度。探索建立专业化、社会化的第三方监督机制。制定行业协会商会信息公开办法，规范公开内容、机制和方式，提高透明度。建立健全第三方评估机制，在重要的行业协会商会试行委派监事制度。

2. 建立适应企业"走出去"的新型运行机制

服务企业"走出去"是一项复杂工作，这就要求南沙自贸区"走出去"行业协会商会按照现代社会组织要求，逐步形成权责明确、运转协调、制衡有效的内部治理结构，形成自我规范、自我管理、自我监督、自我约束的运行机制，建立和完善法人治理结构。行业协会商会要按照建立现代社会组织要求，建立和完善产权清晰、权责明确、运转协调、制衡有效的法人治理结构。政府应健全行业协会商会章程审核备案机制，完善以章程为核心的内部管理制度，健全会员大会（会员代表大会）、理事会（常务理事会）、监事会（监事）制度，落实民主选举、差额选举制度。鼓励选举企业家担任行业协会商会理事长，探索实行理事长（会长）轮值制，推行秘书长聘任制。实施行业协会商会负责人任前公示制度、法定代表人述职制度和过错责任追究制度。提升行业协会商会会员覆盖率和代表性。指导行业协会商会遵循市场化原则运作，壮大自身经济实力。加强对行业协会商会业务活动的规范，促进其转型发展，提升服务能力、行业凝聚力和社会公信力，推动其真正成为独立运作的社团法人主体。

3. 建立适应企业"走出去"的新型合作关系

南沙自贸区各级政府及各部门要改进工作方式，构建与"走出去"行业协会商会的新型合作关系。建立和完善与行业协会商会协商机制，在研究"走出去"重大问题和制定相关法律法规、规划、政策时应主动听取相关行业协会商会的意见。制定向行业协会商会转移职能的清单目录和购买服务的事项目录，加强对行业协会商会的指导和支持，及时研究解决困难和问题。充分发挥行业协会商会在行业"走出去"指南制定、人才培养、共性技术平台建设、第三方咨询评估等方面的作用。支持行业协会商会在进出口贸易和对外经济交流、应对贸易摩擦等企业"走出去"事务中发挥协调、指导、咨询、服务作用。鼓励行业协会商会参与协助政府部门多/双边经贸谈判工作，提供相关咨询和协调服务。鼓励行业协会商会积极搭建促进对外贸易和投资等服务平台，帮助行业内企业开拓国际市场。行业协会商会要加快转型，努力适应新常态、新规则、新要求，规范自身行为，提升专业服务水平，强化行业自律，引导"走出去"企业规范经营，积极反映会员诉求，维护会员合法权益，成为真正依法自治的现代社会组织。

四、南沙自贸区"走出去"网络平台建设方案

（一）网络服务平台内涵

网络平台就是以互联网络为基础，利用数字化的信息和网络媒体的交互性来辅助"走出去"目标实现的服务平台模式。网络平台最直观的认识就是以客户为中心，以网络为导向，借助社会化媒体，以"信息推送＋在线服务"的模式来促进企业"走出去"。"走出去"公共服务平台涵盖了投资目的地政局的变化、社会环境的变化、宏观经济环境的变化，以及重点的产业发展领域。企业可将其经营长处和在驻国的投资重点相对接，提高投资成功的可能性。

【延伸阅读】商务部"走出去"一站式公共服务平台

商务部在原有对外投资和经济合作网站的基础上进一步整合资源，把公共服务的流程和信息统一进行梳理，形成新的"走出去"一站式公共服务平台。该平台下列十个板块，分别是国别（地区）指南、服务"一带一路"、推进国际产能合作、境外经贸合作区、投资合作促进、统计数据、政策法规及业务指南、企业名录、在线办事、境外安全风险防范。通过"走出去"公共服务平台，企业可以了解国家关于"走出去"的政策信息，同时也可以在线办事，进行境外投资的备案、核准，以及对外承包工程经营资格的审批，投议标许可等。

（二）网络服务平台建设要求

1. 基本要求

（1）简洁实用。南沙自贸区"走出去"综合服务平台网络平台（以下简称网络平台）的搭建要力求界面和内容简洁，设计大方，符合国际审美；严控页面元素，减少

宽带依赖。通过平台入口和内容指引，大幅度简化操作流程，激活"走出去"信息存量资源。通过整合优化，大幅提升"走出去"企业资源潜能，实现资源数据的互联高效互通、高速共建共享。平台模块设计、功能设计要本着实用原则，从"走出去"企业的切实需求角度出发，使平台真正对企业"走出去"有所帮助。

（2）权威准确。版面设计与上级页面一脉相承，凸显政府官方网站的权威和庄重有序，少用或不用动态的设计元素。网站的色调要整齐一致，用色庄重典雅，字体、字号均要求大方得体。全站图文内容经得起推敲，内容扎实、真实、务实、切实，理论论述要专业，尊重版权，非原创内容在醒目位置标明出处及免责声明。

（3）协同互动。互动性强是互联网平台的重要特点。网络平台的搭建要实现平台各方的合理、有效互动，包括不同地区、不同行业、处于"走出去"不同阶段的平台用户间的互动交流，实现"走出去"企业与平台的反馈与互动，办事企业与相关部门间的互动。平台要为"走出去"各企业之间以及平台与"走出去"企业之间的互动进行相应的模块设计和人员配置。服务平台网络由若干个窗口平台共同构成，各个部门互相支撑，服务于企业"走出去"。建设目标是形成互联互通的服务平台网络，实现"走出去"平台各板块资源共享、功能互补、服务协同，扩大资源的服务范围和服务能力。

（4）兼容性好。网络平台兼顾在线办事功能，这就要求平台与"走出去"企业的相关部门的在线办事平台做好整合与对接，为"走出去"企业网上办事提供一站式便利服务；模块组合合理，技术选择兼顾多种浏览器，配套设计 iPad、手机专用页面。平台通过链接引导等形式，将有办事需求的用户直接引入政府相关部门网站，并依照不同业务办理流程进行相应的梳理和指引。网络平台的整体规划及框架设计是具可扩充性的，前台页面的设计能保证网站在增加栏目后不会破坏网站的整体结构；后台数据库的设计具有高度的扩充性，能够根据需要对栏目、类别进行增删修改。

（5）人性设计。网络平台的设计要切实关注用户体验，降低"走出去"平台用户的信息检索及平台使用难度。为避免栏目设置繁复给平台用户造成的使用困难，网络平台栏目设置应扁平化，最多使用三级分栏；网络平台涉及的政府部门办事机构、服务机构、站点地图等应明确，导航条清晰到位；网站链接设置科学合理，链接的原页面转跳或新开页面转跳要求准确、流畅；图文规格符合阅读惯例，且可根据需要放大字体。

2. 平台建网要求

（1）高稳定性的建网环境。平台网络组建投入使用以后要求有一个相对稳定的环境，即对网络的稳定性要求相当高，否则有可能造成平台运营损失，有一些数据可能会丢失。所以，为保证网络的稳定、可靠、高效，目前都是采用内外网分离的模式。

出口设备要具有防火墙的特色功能，防止入侵和单点网络故障对全网的影响。

（2）便捷的用户管理系统。平台建网要使用方便，存在 Web 认证需求，要能做到基于 Web 的身份认证、带宽动态调整、多 Web 界面（隐性需求）等。需要解决账号和端口绑定问题，通过此方式限制账号的使用区域。能够实现全网的安全管理，包括 IP、Mac 的盗用问题，防止接入用户的非法 DHCP Server、Proxy 等。对于用户的上网行为能够实现实时跟踪和及时追查，解决安全认证体系的问题。由于办公采用数字化、电子化的先进管理体系，一些政策性文件非常敏感，所以对于使用者身份的鉴别就特别重要。

（3）可增值的服务体系。平台网络的建设、使用和维护需要投入大量的人力、物力，因此网络的增值性是网络持续发展的基础。在建设时要充分考虑业务的扩展能力，针对不同的用户需求提供丰富的增值业务。

（三）网络服务平台的主要功能

1. 信息推送功能

不同国家在政治环境、经济状况、民族风俗习惯、生活习惯、宗教信仰等方面有诸多不同，这些不同对企业海外发展有着至关重要的影响。国外市场信息不充分、有效信息不足是国内企业"走出去"面临的重大难题。"走出去"综合服务平台首要职责就是为有意走出国门寻求发展空间的企业尽可能地提供各国的市场信息，并鼓励各成员企业分享"走出去"的经验，为广东省企业"走出去"海外发展提供信息支持。网络平台要设置专门的信息推送版块，收集整合相关信息进行集中推送，并在商家论坛等相关版块进行信息推送，对平台用户进行实时的信息引导。

2. 在线服务功能

企业"走出去"涉及的行政部门较多，项目审批手续较为繁杂，在很大程度上拖延了企业"走出去"的步伐。综合服务平台在为企业"走出去"提供信息支持的同时，通过信息指导和窗口对接的形式，着力解决企业"走出去"面临的办事难问题。将外经贸、发改、金融等相关办事部门链接整合于在线办事模块内，便于"走出去"企业办理相关业务；将保险、咨询、协会等机构网站做系统整合，便于"走出去"企业查询。平台要设置专门的业务版块和人员进行指导与服务，优化国内企业"走出去"办事流程，为有意"走出去"的企业创造便利、快捷的内部环境。

（四）网络服务平台的搭建载体

1. 传统网络平台与新媒体平台

移动互联网因其灵活性和便捷性已成为大众获取信息和处理信息的重要媒介，因此，"走出去"综合服务平台的搭建要兼顾传统网站平台与微信公众号、App、微博等新媒体移动互联网平台，使"走出去"企业能以多种方式，快速、便捷地获得平台服务。平台要实现为用户提供数据查询、数据下载和在线办事的服务功能，推进数据、平台、应用、终端四位一体服务模式，帮助用户通过电脑、手机、移动终端、自助终端等，随时、随地、随需获取服务。

2. 线上平台与线下活动

线上平台为客户获取信息、交流及办事提供诸多便利；但同时，线下平台也有线上平台不可比拟的优势，如增强用户之间的了解与信任，增加用户与平台之间的黏性等。因此，"走出去"综合服务平台在不断完善线上平台服务的同时，也要适当组织平台的线下活动，为"走出去"企业创造线下交流和沟通的契机与平台，增强平台凝聚力、影响力和号召力。

（五）网络服务平台的主要模块

1. 在线服务功能模块

通过信息指导和窗口对接的形式，将外经贸、发改委、金融等相关办事部门的链接整合于在线办事模块内，便于"走出去"企业办理相关业务；将保险、咨询、协会等机构网站做系统整合，便于"走出去"企业查询。

2. 金融服务功能模块

根据南沙自贸区金融机构在境外投资企业金融服务方面的最新动态，与自贸区相关的国家、省、市金融行业针对境外投资的最新动向等，进行实时更新；可适当引用主流媒体的报道，并补充完善栏目数量。

3. 政策服务功能模块

从对外投资、对外援助、扶持促进、保险法律、外汇管理、融资信贷、税收政策、出入境等方面，从国家、广东省、广州市、南沙自贸区四个层次，设计"政策法规"模块，在平台后台进行快速系统推送，并给出资料收集整理的渠道来源。

4. 投资合作促进功能模块

根据最新境内外高峰论坛、国际博览会、境外投资洽谈会及境外投资项目信息等梳理填充，并适时补充新的政策内容，为境内"走出去"企业提供相应的机遇提示。

5. 境外投资风险防范版块建设规范

安全风险防范主要提供发布境外风险事项，包括政治、军事变动和传染性疾病等；政策法规主要提供国内涉及对外投资人员安全的政策法规；相关链接主要提供我国驻外领事馆网址。

（六）平台首页及内容板块设计规范

1. 平台首页设计规范

（1）视觉效果。

栏目首页设计风格须统一协调，将蓝色、白色作为主色调，以扁平化的矩形色块为主；页面总长度不超过3屏，疏密分布有序，不超过两处动态图片，不考虑弹出广告等元素。

（2）二级栏目模块引用。

在固定位置用静态图片显示南沙自贸区"走出去综合服务平台"；在固定位置引用5条以上投资动态新闻文字标题；在固定位置用静态图片显示投资载体，链接到投资载体二级索引页面。

二级栏目引用要求表

版块	形式	页面占比
在线办事	1个大面积的动态图片及概要主题文字、3个分页的链接按钮	20%
金融服务	1个大面积的动态图片及概要主题文字、3个分页的链接按钮	20%
政策服务	4个主要投资政策图片及文章标题链接、进入二级索引页面的链接	20%
投资合作促进	3个项目图片链接、进入二级索引页面的链接	20%
境外投资风险防范	1个大面积的动态图片及概要主题文字、3个分页的链接按钮	20%

2. 平台主要内容版块设计规范

（1）在线办事版块建设规范。

结构：为动态更新内容栏目，下设境外企业投资备案、境外投资项目备案、网上咨询窗口等二级分页，其中境外企业投资备案、境外投资项目备案提供链接。从栏目首页直接链接到二级分页，分页中完全显示内容，不设三级页面。

设计：每个固定分页的设计框架统一。根据需要放置适当的文字，配以适量的静态图片或图表。

后台：需要进行常规后台更新，正常情况下每周直接在页面上更新一次相应信息内容，并需配置审核机制。

（2）金融服务版块建设规范。

结构：为固定信息内容栏目，下设外汇管理、融资征信等子栏目；二级页面为各子栏目的内容详细索引；三级页面为具体文章内容。可从栏目首页点击被引用的标题直接链接到相应的三级页面。

设计：参照主流门户网站的首页引用、索引和内容页面设计。

后台：需灵活更新，支持定制图文混排、所见即所得的编辑，并需配置审核机制。

（3）政策服务版块建设规范。

结构：为动态更新内容栏目，下设企业境外投资、对外承包工程、对外劳务提供、专项资金申请；二级页面为各子栏目的内容详细索引；三级页面为载体的具体介绍页面。可从栏目首页点击被引用的标题直接链接到相应的三级页面。

设计：参照主流门户网站的首页引用、索引和内容页面设计。

后台：除页面框架外，二级索引页和三级政策详情页面均为在网站主体框架内的纯文字版面。

（4）投资合作促进版块建设规范。

结构：为动态更新的资料库型栏目，下设高峰论坛、国际博览会、境外投资洽谈会和境外投资项目信息四个二级索引页。

设计：除页面框架外，二级索引页和三级政策详情页面均为在网站主体框架内的纯文字版面。

后台：纯文字更新后台。

（5）境外投资风险防范版块建设规范。

结构：为动态更新的资料库型栏目，下设安全风险防范、政策法规、相关链接等二级索引页。

设计：除页面框架外，二级索引页和三级政策详情页面均为在网站主体框架内的纯文字版面。

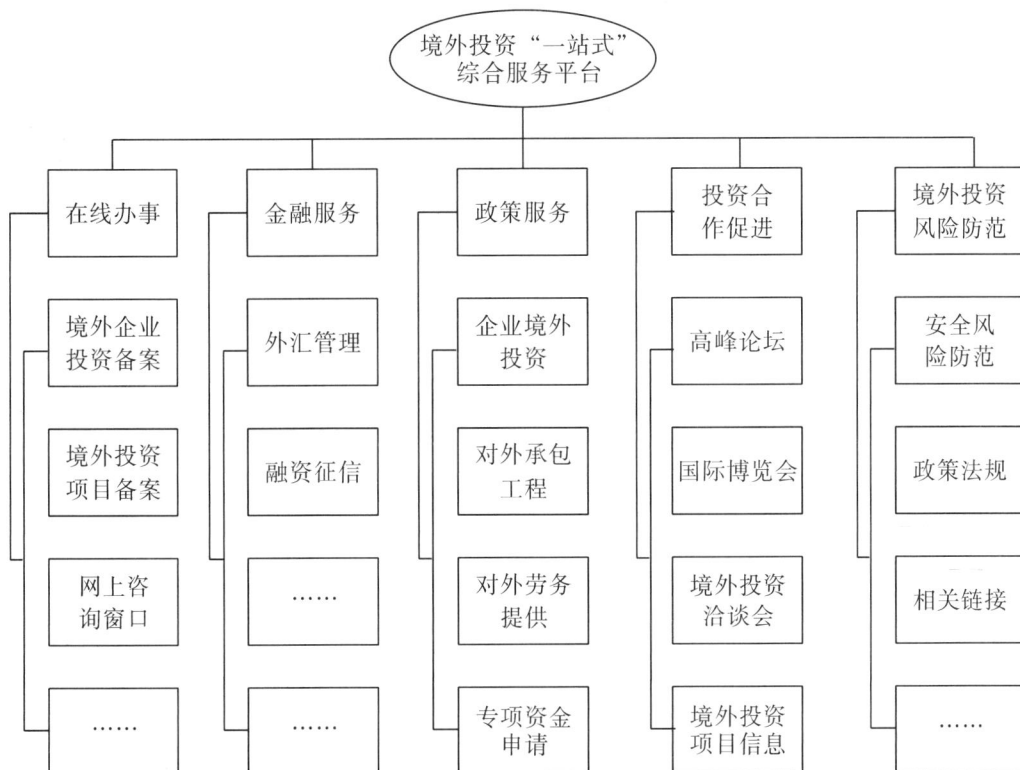

图 8 - 5　走出去平台在线服务版块

（七）综合服务平台建设的技术路线

1. 互联互通技术实现

中枢平台网络的设计与搭建是实现各窗口服务平台之间互联互通的关键。各种标准数据结构及规范基于共享数据资源中心的定义将应用并服务于各个接口，从而使整个平台的各个服务窗口与政府、企业之间的互联、互通、互动变得简单易行。通过梳理和分析平台网络业务系统的特点，在平台业务系统涉及跨部门、跨业务、跨地域的业务时，在工作流引擎的集中调度控制下，通过不同的流程配置实现互联互通。当业务系统发生增减、互联要求有所变更时，只需在工作流引擎中对流程逻辑进行修改，就可以快捷方便地实现，降低平台网络维护的复杂性。基于工作流程的中间件互联，通过将业务逻辑与流程逻辑进行分离，可以实现系统之间的松散耦合。

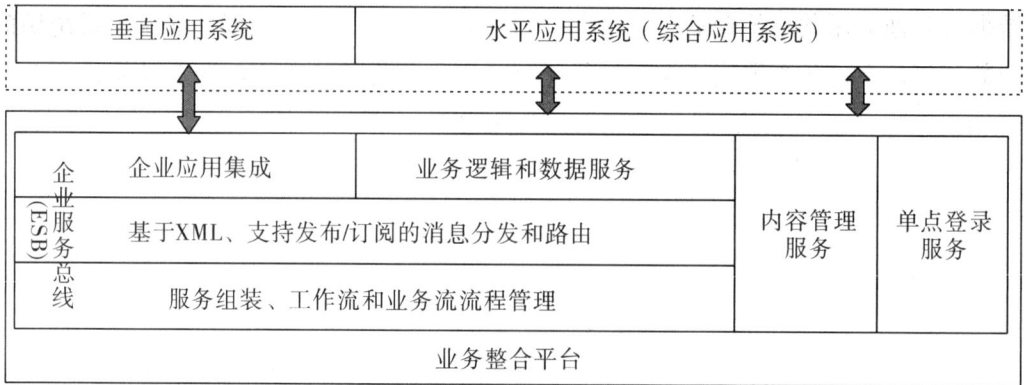

图8-6　基于SOA架构的服务总线互联示意图

2. 资源共享机制

平台网络通过系统搭建数据交换中心，整合南沙自贸区优势的企业、数据、信息资源，形成完善、统一的数据资源中心；通过信息的集中整理和系统推送，来实现南沙自贸区"走出去"信息资源的高度共享。政府部门均可通过平台的共享机制，实现信息的高效甄别与获取。

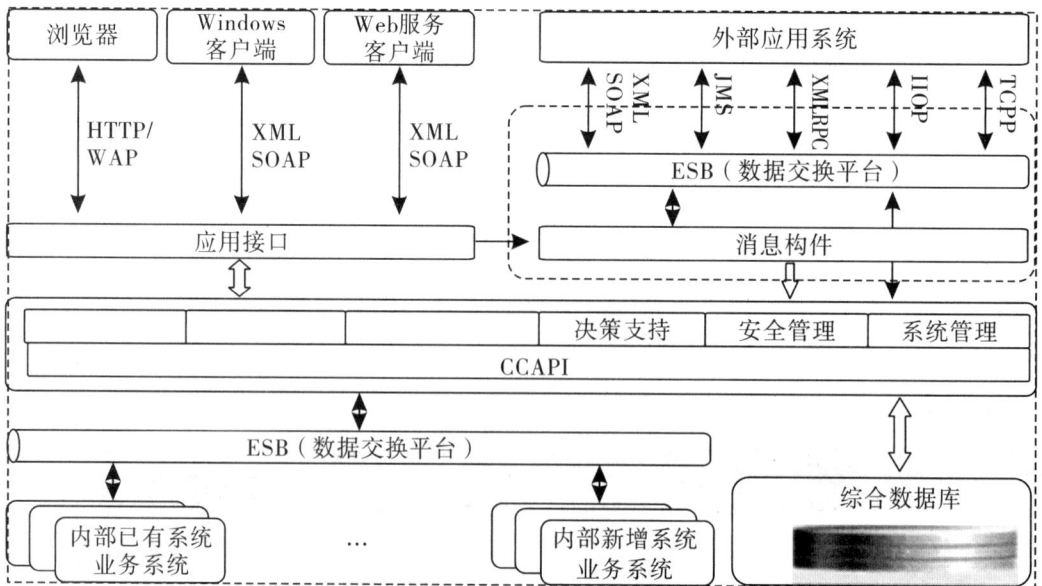

图8-7　基于数据交换平台实现资源共享示意图

"走出去"综合服务平台共享系统采用"服务总线+构件"的技术，合理构建数据交互平台；与此同时，通过中心数据库的数据对象服务，实现窗口平台提供的基础数据与其他应用共享平台的互通互享；通过数据连接端口，实现外部应用系统访问中心数据库；在优化数据连接端口的基础上，建立实现综合应用的服务端构件，并在此基础上提炼出能独立完成业务的粗粒度应用接口服务，将其发布为相应 Web 服务，供平台界面构件相应调用；也可将应用接口服务发布到数据交换平台，供外部应用系统使用。

3. 云服务管理

"走出去"综合服务平台网络建设采用云计算技术。云计算主要实现云服务接入、相关管理以及云服务计费。云计算的相关管理主要包括信息资源调度管理、云资源运营管理以及云运维管理等。信息资源管理及调度主要是针对平台各种云物理资源进行系统管理，同时实现各种信息业务的计费功能。云运维管理主要针对网络管理的相应特点，定制多种接入相应终端的接入程序，以方便平台网络运营状态分析、平台网络的故障检测与定位，并实时监控网络设备的运行状态，及时汇报排除故障；与此同时，实时监控平台网络资源的使用情况，及时地掌握平台 IT 资源的动态使用状况。

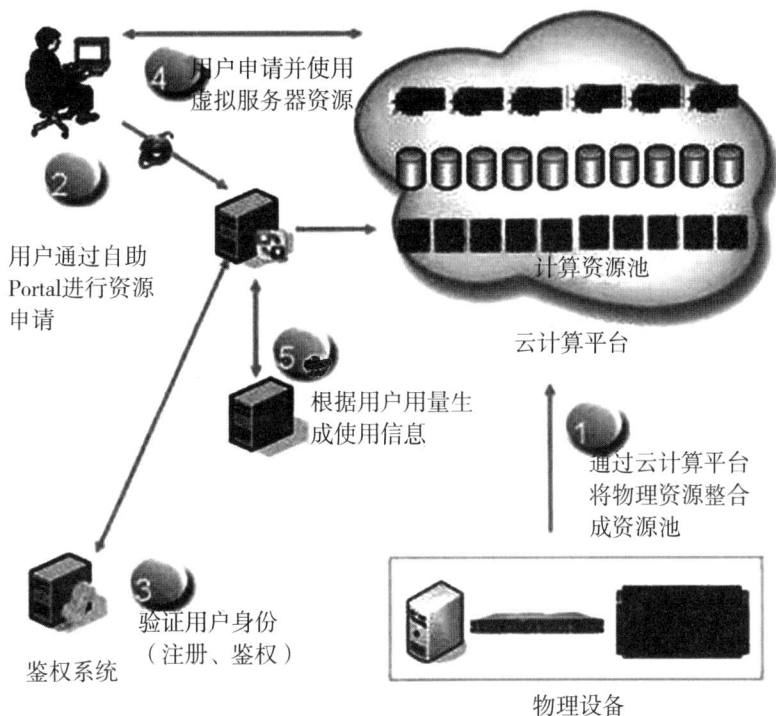

图 8 - 8　云服务接入步骤示意图

4. 服务协同技术实现

"走出去"综合服务平台网络实现服务协同主要体现在服务平台与窗口服务平台的协同方面。平台用户可以从服务平台采用云服务的模式获取所需的共享服务，如法律服务、政策、业务办理沟通、远程咨询服务等。窗口服务平台将依据企业用户的不同需求，提供有针对性的直接服务或特色服务。二者在中心系统的协调下互为补充、相互协作，并采用线上、线下相结合的模式，实现对平台企业用户的全方位服务，并通过网络机制的设计实现平台内部网络、外部信息系统的协同。

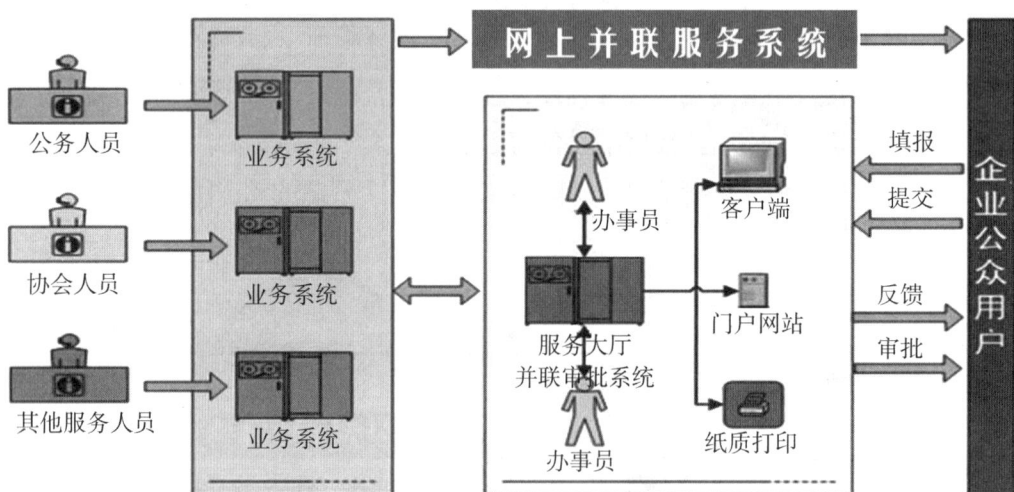

图8-9　互联网协同服务系统示意图

（八）主要功能建设方案及建议

1. 南沙自贸区"走出去"数据资源中心建设

（1）建设内容及方式。

信息资源库是此次项目建设的核心部分，需搭建服务于"走出去"企业管理和南沙自贸区范围内统一运筹的信息资源枢纽。信息库的建设要依据相关规范标准进行，在平台运行管理体系以及安全管理体系的保障下平稳运行。平台建设由承建商牵头，依据相关规范、标准以及南沙自贸区"走出去"企业应用信息系统体系的统一规划要求，有序进行"走出去"企业公共服务数据资源中心的建设，搭建"走出去"企业公共服务信息资源的基础框架体系，同时构建各窗口平台间的数据交互平台。自贸区相关部门负责协调各相关处室、窗口平台及承建商，并辅助调研。平台各子系统建设商、各窗口平台的承建商在应用信息系统搭建的过程中要实现信息资源的不断丰富和完善。

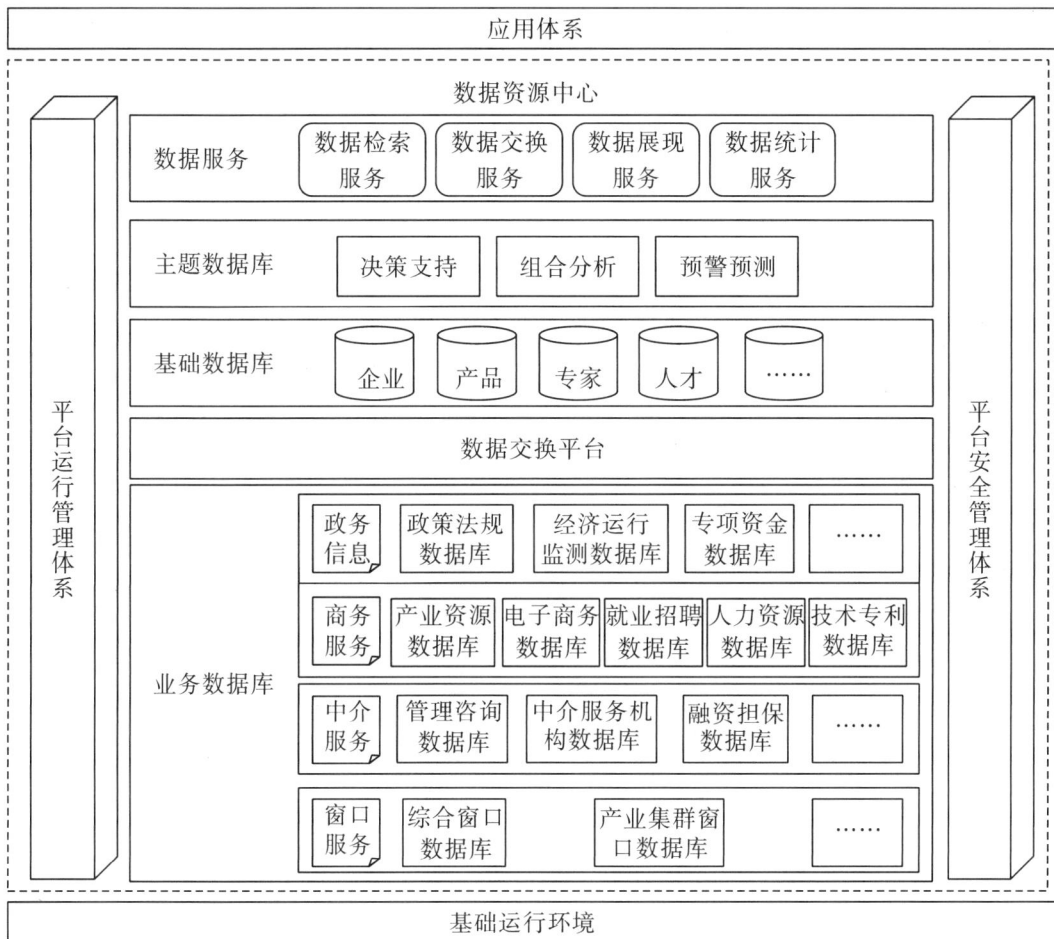

图 8 - 10 数据资源中心建设框架图

（2）实施建议。

数据资源中心是南沙自贸区"走出去"企业公共服务平台网络的 IT 核心建设。建设伊始，就要对南沙自贸区"走出去"企业服务信息资源进行系统梳理，依照统一规划的"走出去"企业信息进行重新设计；搭建完备的数据交互平台，为窗口平台与平台之间搭建高度共享的信息资源沟通桥梁和纽带；搭建覆盖"走出去"企业服务需求的基础信息框架，并根据应用系统的逐渐推进不断丰富与完善信息资源。与此同时，将原有的信息资源进行系统迁移。对已有信息资源进行多方位、多维度、多角度展现，实现对信息资源的查询、预警以及预测等综合利用。

2. 南沙自贸区"走出去"呼叫中心建设

（1）建设内容及方式。

南沙自贸区"走出去"呼叫中心建设体系包括呼叫短信平台、中心平台、接口管理系统、知识库管理系统、服务热线管理系统、窗口服务平台等子系统。服务管理系统创建工单后下发到相关职能部门，并跟进、监督工单的进行情况。当相关政策、信息发生变动或更新时，短信平台便将相关内容发送到用户手机端。南沙自贸区"走出去"企业呼叫服务中心将采用集中建设模式，窗口服务平台节点设置远端坐席以负责处理本区域呼叫服务，并通过服务系统转接到其他平台服务节点，实现服务就近，一点呼叫，接转灵活。在具体实施过程中，应考核选取优质呼叫中心建设商承建，南沙自贸区相关部门监督与协调建设实施。呼叫中心需要不断丰富与完善中心知识库，要实现与企业呼叫中心系统的对接。

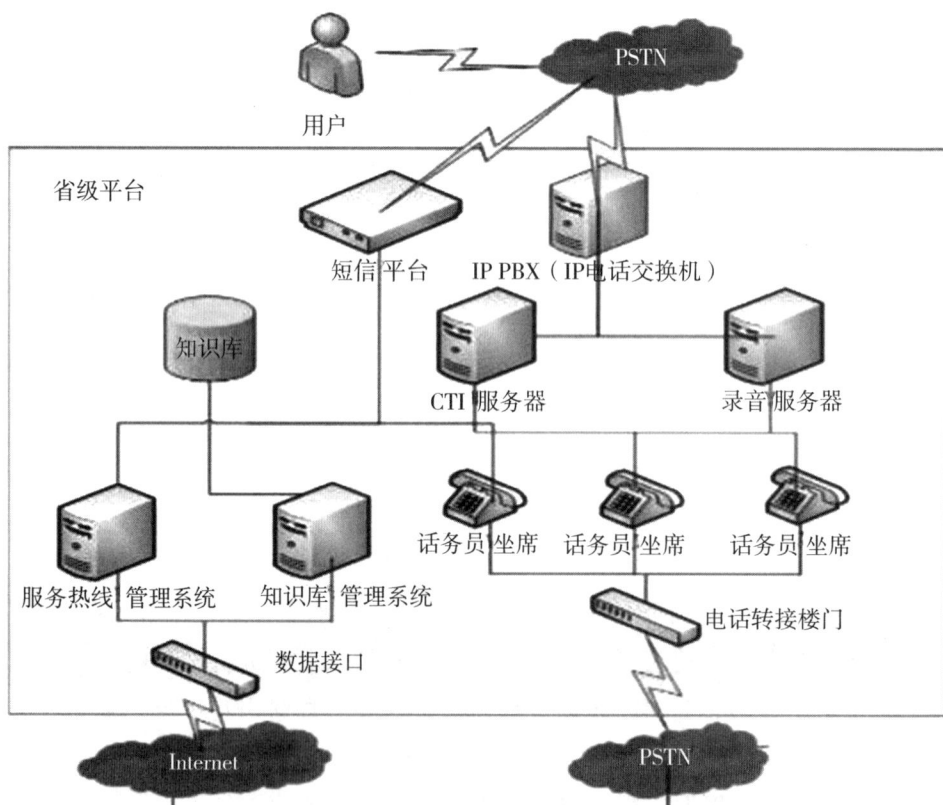

图8-11　呼叫中心建设总体框架图

（2）实施建议。

南沙自贸区"走出去"呼叫中心将依照平台整体实施方案逐步推进。中心建设的第一阶段将实现初步搭建中心平台，构建相应的坐席。随着中心建设的不断推进，应不断设置及扩充坐席。与此同时，通过不断丰富和完善知识库，增加中心的呼叫服务内容。

3. 南沙自贸区"走出去"政务服务平台建设

（1）建设内容及方式。

政务服务平台作为核心政务应用系统，南沙自贸区相关部门应当甄选优秀开发商进行新建。开发商需要平滑迁移原有托管系统上的数据。相关部门协调与调度托管系统的开发商与其他资源，积极协助迁移旧有系统数据。南沙自贸区"走出去"政务服务平台将为"走出去"企业提供完善的政务服务，指导与管理"走出去"企业健康发展。"走出去"企业经济运行监测系统是政务服务平台的核心系统，收集和掌握"走出去"企业的经济数据和实际运行状况，建立企业生产经营监测数据库，监测分析"走出去"企业运营数据，为各级部门决策提供有价值的参考信息。网站依照"统一平台，门户访问，资源共享，应用集成"的建设策略推进。依托网站群模式，实现各网数据单点登录、信息共享、统一维护以及应用集成。

（2）实施建议。

作为服务平台的核心窗口，南沙自贸区"走出去"政务服务平台需要在系统稳定运行的基础上实现政务服务平台与南沙自贸区政府及各级相关职能部门系统的有序对接，实现系统集成、资源整合，包括网站内部系统之间、网站与网站之间的信息资源共享。对于各综合业务系统，实现统一入口、资源共享、应用集成、单点登录、应用导航等功能，为南沙"走出去"企业提供一站式综合服务，为政府、企业搭建一个协同工作的平台。